IELTS Objetivo Band 7

Módulo Académico IELTS – Cómo Maximizar Su Puntuación

Edición en español

Simone Braverman

www.IELTS-Blog.com

Traducido por Gabriel Montilva y María José Campos

Author Note

Correspondence concerning this book should be addressed to Simone Braverman at simone@ielts-blog.com

IELTS Objetivo Band 7
Módulo Académico IELTS – Cómo Maximizar Su Puntuación (Edición en español)
ISBN 978-0-9873009-5-9
© Enero 2017 por Simone Braverman

Se reservan todos los derechos. Ninguna parte de este libro puede ser reproducida por método alguno. Este libro tampoco puede ser guardado en una base de datos o en un sistema de recuperación de datos sin permiso previo de la autora. Realizar copias de cualquier extracto de este libro para propósito alguno que no sea su uso personal será considerado una violación de las Leyes Internaciones de Derechos de Autor.

Limites de responsabilidad / renuncia de garantía.

La autora y la editorial de este libro y del material que lo acompaña han puesto el mayor de los esfuerzos para preparar este programa. La autora y publicista no efectúan representación o garantías algunas con respecto a la aplicabilidad o completitud de este programa. Ellas renuncian a responsabilidad (expresadas o implicadas), a la comerciabilidad o adaptaciones para cualquier propósito. Ni la autora ni la editorial podrán ser responsabilizadas en ningún evento por pérdidas u otros daños, inclusive, pero no limitando a daños especiales, accidentales, consecuenciales o de otra índole. Como es usual, se deberá solicitar la asesoría de los profesionales competentes.

Este libro contiene material protegido bajo las Leyes y Tratados Internacionales de Derechos de Autor. Cualquier reimpresión o uso de este material sin el previo consentimiento expreso de la autora está prohibido.

Notas de la autora

Estoy muy agradecida por toda la ayuda que recibí de todos los miembros de mi equipo, quienes son:
Vladimir Levitin – por su gran investigación.
Román Itskovich y Gregory Braverman – los más talentosos gurús del internet.
Nataly Dehter-Vaksman – por sus excelentes consejos legales.
Eduard y Dina Somin – por sus excelentes ideas.

¡Juntos no hay montañas que no podamos escalar!

Agradecimientos

Mis más sinceros agradecimientos a los diversos autores, organizaciones y sitios web que tan generosamente nos han permitido utilizar sus materiales en nuestros exámenes y que, en algunos casos, nos han permitido utilizar sus materiales bajo una licencia creativa común de dominio público.

Tiburones en peligro de Australia – http://www.environment.gove.au, http://www.supportoursharks.com
Trabajo flexible en nuestro lugar de trabajo – http://www.acas.org/
Una raza amenazada (Osos Polares) http://www.wwf.org.uk/
Plástico Biodegradable http://www.copyrightfreecontent.com, http://www.ncbi.nlhm.nih.gov ,
http://www.green-plastics.net – Greg Stevens. Plásticos Verdes
La Industria Australiana de la Perla – http://www.australia.gov.au
Dietas según el tipo de sangre – http: //www.weightlossresources.co.uk, http://www.ncbi.nlm.nih.gov
Escritura Académica http://www.publications.parliament.uk,
http://www.common.wikimedia.org/wiki/File:Current_typical_floor_plan_2013.jpg

Tabla de contenidos

¿De qué trata este libro?	5
¿Cómo utilizar este libro?	6
La rutina IELTS	**6**
Acerca del examen de comprensión auditiva	7
Acerca del examen de comprensión lectora	7
Acerca del examen escrito	8
Acerca del examen oral	8
Consejos para el examen de comprensión auditiva	**9**
En general	9
Las instrucciones lo mantendrán seguro	10
¡Divida y tenga éxito!	11
Distracciones	12
Escuche la información específica	12
Responda a medida que escuche	12
Siga moviéndose hacia adelante	12
Siga las pistas	13
Preguntas de deletreo	13
Tipos de preguntas del examen auditivo	14
Eliminar las respuestas incorrectas	15
Estrategias para el llenado de espacios en blanco	15
Revisar la gramática	15
Use su tiempo sabiamente	16
Estar pendiente de las trampas	16
Copiar las respuestas inteligentemente	17
La hoja de respuestas	18
¡Practicar, practicar, practicar!	18
Consejos para el examen de comprensión lectora	**19**
Estructura del examen	19
Maneje su propio tiempo	19
No leer... escanee!	19
Haga un mapa	20
Tipos de preguntas	21
Sea selectivo	22
Estrategias para las preguntas de emparejamiento	23
Estrategias para las preguntas True/False/Not Given	24
Estrategias para las preguntas de selección múltiple	24
Estrategias para llenar los espacios en blanco	25
¡Practicar, practicar, practicar!	26
Consejos para el examen escrito	**27**
Primero, algunos consejos generales	27
Consejos para la parte 1 del examen escrito – El reporte	**28**

Tipos de gráficos para el reporte	28
¿A qué se asemeja un excelente reporte?	30
Marco referencial de tiempo y gramática	32
Gráfico de línea sencilla	33
Gráfico de línea doble	35
Gráfico de barra	36
Gráfico de torta	39
Ejemplo de reportes de gráfico de torta	40
Tablas	41
Ejemplo de reportes de tabla	42
Procesos	43
Ejemplo de reportes que describen un proceso	44
Planos / Mapas	46
Reporte modelo para reportes de planos o mapas	48
¡Practicar, practicar, practicar!	49
Actividades de gráficos de línea sencilla	49
Actividades de gráficos de línea doble	50
Actividades de gráficos de barras	51
Actividades de gráficos de torta	52
Actividades referentes a las tablas	53
Actividades referentes a los diagramas de flujo	54
Actividades referentes a los mapas	55
Consejos para la parte 2 del examen escrito– La composición	**56**
Estructura de la composición	56
Composición de tipo A (Argumento)	57
Composición de tipo H (Argumento Escondido)	57
Composición de tipo S (Situacional)	57
Escriba la composición paso a paso	58
¡40 minutos? ¡No son suficientes!	62
¡Practicar, practicar, practicar!	63
Consejos para el examen oral	**65**
¡Manténgalo simple!	65
Entrevista	66
Posibles preguntas y respuestas	66
Conversación	68
Discusión	71
¡Opine!	71
¿Qué sucede si…?	74
Deje una buena impresión	74
Consejos de último minuto	75
Plan de Estudio	78
Examen de Práctica	**81**
Respuestas	**101**

¿De qué trata este libro?

El propósito principal de este libro es prepararle para el examen IELTS, no para tocar el tema del idioma inglés. ¿Por qué? Aunque el inglés sea su primer idioma, usted puede olvidarse de obtener una buena puntuación en el IELTS si no se prepara para él. Dos problemas principales estarán en su camino: *el tiempo y las trampas.*

Cuando se trata del examen IELTS, **el tiempo es su peor enemigo.** Usted deberá hacer las cosas rápidamente. Es obvio que usted podrá lograr tener todas las respuestas correctas si usted tiene el tiempo necesario. Pero la realidad es que habrán muchas preguntas que deberán ser contestadas, mucho que escribir y muy poco tiempo para todo ello.

Este libro le enseñará a usted a **COMO**:

- Escuchar y a oír las respuestas correctas y escribirlas **RAPIDAMENTE**
- Escanear a través de la prueba y cómo resolver todas las preguntas **RAPIDAMENTE**
- Escribir su composición **RAPIDAMENTE**
- Construir una conversación en su mente sobre cualquier tema **RAPIDAMENTE**
- Conocer y evitar las trampas cuando las encuentre.

Este libro no podrá hacer que su inglés sea perfecto, pero ciertamente sí lo ayudará a que usted se prepare bien y pueda conseguir la banda de puntuación que desea.

Consejos de aptitud

Según mi opinión (la cual fue validada por los puntajes en el IELTS de las personas que entrené). Usted no necesitará más de 4 semanas de entrenamiento diario. Programe 3 horas para dedicárselas a la práctica del IELTS y ello le dará a usted el resultado deseado.

Sólo siga las pautas de este libro y ellas le ayudarán a obtener la mejor puntuación IELTS posible con su nivel actual de Inglés. Usted pudiera darse *un día libre* a la semana, y ¡todavía lograr aprobar el IELTS!

Para recibir información gratis IELTS y actualizaciones en su cuenta de correo electrónico, diríjase a http://www.ielts-blog.com y suscríbase. Se sorprenderá por la cantidad de información útil y apoyo que recibirá.

¿Cómo utilizar este libro?

La manera en que este libro ha sido compaginado hace posible que usted pueda leer los capítulos principales (comprensión auditiva, comprensión lectora, examen escrito y examen oral) en el orden que **usted más desee**, ya que cada uno es completamente independiente del otro. Usted no tiene que seguir el orden en el cual está escrito este libro.

Si usted no tiene mucho tiempo, le sugiero que lea este libro y que realice solamente los ejercicios que se incluyen en él, sin hacer ningún trabajo extra. Sin embargo, esta no es la mejor idea. En caso de que usted tenga el tiempo, le recomiendo ampliamente que usted lea y preste atención a todos los consejos que se suministran en este libro, y que luego trate de usarlos cuando usted practique los exámenes reales de IELTS. Hay vínculos a materiales IELTS al final de cada uno de los capítulos principales, además de un detallado plan de estudio al final del libro.

Al final del libro, hay consejos – cortos resúmenes de los consejos más importantes de cada uno de los capítulos de comprensión auditiva, comprensión lectora, examen escrito y examen oral. Cada vez que usted practica, léalos antes de comenzar un examen, ya que ellos le refrescarán la memoria y le harán enfocarse en lo que es realmente importante. ¡Disfrútelos!.

La rutina IELTS

El examen IELTS consiste en cuatro secciones: **comprensión auditiva, comprensión lectora, examen escrito y examen oral**.

El examen de comprensión auditiva tiene una duración de aproximadamente 40 minutos – 30 minutos para escuchar una grabación y responder preguntas acerca de la misma y 10 minutos para transferir sus respuestas a la hoja de respuestas.

El examen de comprensión lectora tiene una duración de 1 hora. Deberá leer 3 artículos y responder las preguntas de acuerdo a lo que usted haya leído. Allí también hay otros tipos de preguntas, las cuales cubriré posteriormente.

El examen escrito también tiene una duración de 1 hora y está dividido en 2 partes: 20 minutos para escribir un reporte y 40 minutos para escribir una composición.

El examen oral toma hasta 15 minutos y consiste en 3 partes: una entrevista personal, un pequeño discurso y una discusión.

Todas las partes continúan, una después de la otra, y solamente antes de la sección oral podrá usted tomar un pequeño descanso. En algunos casos, la sección del examen oral se lleva a cabo otro día.

Acerca del examen de comprensión auditiva

Consiste en 4 secciones. Hay 40 preguntas en total. Usted deberá contestar todas las preguntas según lo que escuche en una grabación.

La grabación no se detendrá y sólo la oirá una vez. Las preguntas se tornarán más difíciles a medida que el examen se desarrolla.

¿Está ansioso/a? ¡No lo esté! Existe una técnica para que pueda resolver el examen de manera dinámica. Asegúrese de que sus respuestas puedan leerse y sean legibles cuando usted las copie a la hoja de respuestas. Usted **solamente podrá escribir con lápiz**.

Acerca del examen de comprensión lectora

El examen de comprensión lectora consiste en 3 artículos y tiene 40 preguntas en total. Su trabajo será leer los artículos y contestar las preguntas, poner títulos a los diagramas, completar las frases y llenar los espacios en blanco.

Para cada tipo de pregunta hay instrucciones y un ejemplo. Los extractos son tomados de libros, periódicos y revistas. Los temas son muy diversos: desde buceo hasta exploración espacial. Los artículos progresan en dificultad, siendo el primero el más fácil, y el tercero el más difícil.

La buena noticia es que usted realmente no tendrá que leer todo el extracto, gracias a las técnicas que mencionaré posteriormente. La no muy buena noticia es que no hay tiempo extra para copiar sus respuestas en la hoja de respuestas. Por lo tanto, usted necesitará distribuir sabiamente los 60 minutos que se suministran. Por favor, no se olvide de hacer esto – presencié cuando alguien se le olvidó hacerlo. Esto no fue algo agradable de ver, ya que el pobre hombre estaba llorando pues recibió una puntuación de "0" **por todo el examen de comprensión lectora**. Aquí también usted tendrá que escribir solamente **con lápiz,** ya que no se permite en el uso de bolígrafos en el examen.

Acerca del examen escrito

El examen escrito tiene 2 actividades. La primera actividad será escribir un **reporte** basado en un gráfico, un diagrama, un mapa o una tabla, usando al menos 150 palabras. La segunda actividad será escribir una **composición** sobre un tema suministrado, presentando y justificando una opinión o suministrando una solución a un problema, usando no menos de 250 palabras.

¡Aquí no habrá nada de qué preocuparse! Una vez que usted comience a utilizar una cierta estructura, la cual explicaré posteriormente para el reporte y la composición, al usar además su imaginación, todo será tan fácil como cortar un pedazo de pastel. Esta actividad requerirá de un poco de entrenamiento. Pero una vez que usted haya escrito unas cuantas composiciones y reportes, usted estará bien preparado para el examen y se sentirá **confiado/a**.

Acerca del examen oral

Esta es la parte divertida del examen, por muchas razones. A usted se le permitirá descansar antes de su inicio, ya que debido a las tres partes que ya usted habrá terminado anteriormente, estará algo cansada/o, y por lo tanto deberá relajarse. La primera parte del examen oral es una entrevista, lo cual significará que el examinador le hará preguntas sobre usted, su trabajo, sus estudios, sus padres, hermanos, hermanas, mascotas, etc. Esta será una tarea fácil de preparar.

En la segunda parte del examen oral, usted recibirá una tarjeta con una pregunta principal, la cual contiene 3 o 4 sub-preguntas relacionadas. Luego de un minuto, durante el cual usted habrá debido pensar qué decir, usted deberá dar un pequeño discurso de una duración de entre uno y dos minutos, durante el cual contestará todas las preguntas que se encuentran en la tarjeta. Al final, el examinador pudiera hacerle unas cuantas preguntas adicionales.

En la tercera parte del examen, usted tendrá una discusión con el examinador. El tema se relacionará con el de la sección número dos, pero esta vez será sobre ideas más abstractas. Usted deberá expresar y justificar sus opiniones.

El examinador grabará esta sección en una cinta de audio. No se preocupe sobre esto. La grabación será para evaluar al examinador, no a usted.

Consejos para el examen de comprensión auditiva

En general

El examen de comprensión auditiva es probablemente el que más estresa a las personas. Para ayudarle a vencer el estrés, comience a ver programas de televisión en inglés. Estos son mejores que los radiales y audio libros puesto que usted también podrá ver imágenes que le ayudarán a entender las palabras que usted escucha.

¡Escuchar es un arte, no un regalo!

En mi experiencia, en muchos casos, el escuchar es la aptitud menos desarrollada. Así que si usted se siente particularmente débil en esa área, preste atención a los siguientes consejos ya que ellos le ayudarán a mejorar su comprensión auditiva. Recuerde que nadie ha nacido con esta habilidad, y que siendo solamente un arte, usted deberá aprender a escuchar. Si usted piensa que su habilidad para escuchar no necesita ser mejorada, obvie la parte de "auto aprenda las palabras" y vaya hacia los consejos que le siguen a esa parte del libro.

Auto aprenda las palabras

La única manera de mejorar su habilidad para escuchar es entrenando sus oídos por separado para poder entender las palabras que usted oye en el flujo de una frase. La mayoría de las veces, lo que usted escucha es un "Blablablablabla", el cual usted no puede desglosar en palabras, y por lo tanto, lo que usted oye no tendrá sentido para usted. Cuando esté practicando, realice una grabación de las noticias, de una lectura, de un programa de televisión, de una película o de un examen oral real de IELTS y trabaje con esta. Sugiero usar un reproductor MP3. Usted podrá grabar fácilmente inglés de la radio o de cualquier otro dispositivo con él. También podrá usarse para repetir las frases que usted no entienda. Siendo el reproductor MP3 pequeño y ligero, usted podrá usarlo durante cualquier tiempo libre que usted tenga, mientras viaja en el autobús o en el tren, mientras pasea al perro o da un paseo.

Primero, escuche. Recuerde lo que ha escuchado y detenga la grabación después de cada frase. Aunque no entienda la frase, escúchela en su mente un par de veces, como un disco rayado – "Tonight we have a special guest", "Tonight we have a special guest", "Tonight we have a special guest". Luego, dígala en voz alta. Si usted entendió esa frase la primera vez, este ejercicio mejorará su pronunciación. Si no entendió la frase la primera vez, esta repetición le brindará mayor tiempo para que la pueda oír mejor, para que la separe en palabras y pueda darle un sentido a cada una. Si aún se le hace difícil, siempre podrá rebobinar la grabación y oír nuevamente la frase.

Hay una gran diferencia entre **ver** una palabra escrita en papel mientras la lee y **escuchar** esa misma palabra. Si usted ve una palabra, no significa que la podrá reconocer cuando la oiga. **Por eso es que deberá escuchar cada palabra que haya visto, por lo menos una vez.**

Las instrucciones lo mantendrán seguro

Cada una de las tareas del examen oral tiene sus instrucciones. Puede sonarle obvio, pero necesitará leer cuidadosamente. ¿Por qué? Porque ellas le dirán a usted exactamente qué hacer con la información: cuantas palabras deberá usar usted para contestar las preguntas, si hay allí o no una tabla que usted deberá llenar, si hay una lista de las cuales se deberán escoger palabras, cuantos artículos deberá usted incluir, etc. Recuerde también, que si la respuesta debe ser de 3 palabras, usted deberá escribir EXACTAMENTE 3 PALABRAS, ya que escribir cuatro o dos palabras le dará a usted una puntuación de 0.

Para hacer mi punto claro, tomemos el siguiente escenario como ejemplo. El interlocutor dirá en una grabación:

"Well, if you are dieting, try to avoid fruits with lots of fructose like watermelon, mango, peaches or grapes." ("Bueno, si usted está haciendo dieta, trate de evitar las frutas con mucha fructosa tales como la sandía, el mango, los duraznos o las uvas".)

La pregunta en el libro es:
"Name 2 fruits a person on a diet should not eat". ("Nombre 2 frutas que una persona no debe comer mientras hace dieta").

La respuesta puede ser "watermelon, mango" o "mango, peaches" o cualquier combinación de **dos** de esos artículos, pero **¡nunca tres o cuatro!** Quién escriba "watermelon, mango, peaches, grapes", sólo para estar seguro, recibirá una puntuación de cero para esa pregunta.

Nota: cuando se cuentan palabras – las palabras "a", "él" o un número (ejemplo: 159) serán consideradas una palabra.

Cuando las instrucciones indiquen "a maximum of 3 words" o "no more than 3 words" usted podrá escribir, una, dos o tres palabras, **pero nunca más de tres**.

¡Divida y tenga éxito!

La grabación divide las preguntas en **grupos,** por ello en cada grupo, a usted se le instruirá que responda de 4 a 5 preguntas. Hay aproximadamente entre 20 y 30 segundos de silencio antes de cada grupo.

Lo primero que deberá hacer cuando la grabación comience es determinar el grupo de preguntas a las cuales deberá responder.

Por ejemplo, si la grabación dice: "Look at questions one to four" ("Observe las preguntas uno a la cuatro") significa que usted tendrá aproximadamente 20 segundos para observar esas preguntas. Observe las preguntas, léalas y subraye las palabras principales. Las palabras principales son las que contienen la idea principal sobre la pregunta. Ellas le ayudarán a adivinar lo que oirá a continuación – números, horas de apertura, nombres, lugares, etc.

Pase una línea debajo de la cuarta pregunta, para que no vea más allá de esa pregunta hasta que sea el momento de hacerlo.

Oirá una grabación y deberá contestar las preguntas uno a la cuatro **a medida que usted escuche.** Significa que deberá estar en capacidad de escribir una respuesta y escuchar otra.

Luego, la grabación le indicará el número de las preguntas en el siguiente grupo. Repita el mismo proceso, incluyendo el trazar la línea. Esta técnica divisoria es muy eficiente porque cada vez le permitirá concentrarse en un **limitado** número de preguntas, enfocarse y, por lo tanto, estar más en control.

Distracciones

No se confunda con las diversas voces que usted oirá. La grabación utiliza varios tipos de voces – de gente joven y no tan joven, de hombres y mujeres. Usted también podría oír diversos acentos – Australiano, Británico, Norteamericano, Japonés, etc. Los ruidos de fondo también podrían variar. Podrían venir de un aeropuerto, de una cafetería, de una calle, de una sala universitaria de conferencia y pare de contar. Esté listo para ello y no deje que esto lo distraiga – porque eso es exactamente lo que ellos buscan. Ignore los ruidos y escuche atentamente para captar las respuestas.

Escuche la información específica

Cuando usted esté escuchando, observe las descripciones y detalles, tales como fechas, lugares, números telefónicos, horas de apertura, años (1995), transportes (auto, bicicleta, tren), etc.
Si usted los escucha, pero desconoce donde colocarlos aún – escríbalos en el margen del cuadernillo de comprensión lectora. Más tarde, usted tendrá algún tiempo para revisar sus respuestas.
Al revisar las preguntas que usted no haya podido responder durante el fragmento de la comprensión lectora, usted podrá observar si lo que ha escrito en los márgenes concuerda.

Responda a medida que usted escuche

La razón por la cual usted deberá "responder a medida que escuche" es que usted inmediatamente podría olvidarse de las frases luego de haberlas escuchado – debido al estrés, puesto que lo que oye estará en un idioma extranjero, porque hay un constante flujo de información, etc. Luego de haber escuchado la tercera frase, usted no podrá recordar la primera. Significa que al acabarse alguna parte del examen de comprensión auditiva, usted no podrá recordar ninguna de las respuestas. Así que escríbalas a medida que las escuche, sin dejar nada para más tarde.

Siga moviéndose hacia adelante

El peor escenario "es que usted pierda la secuencia de las respuestas" – es decir que usted deje una respuesta y luego pierda otra, y así sucesivamente. Para prevenir que eso suceda, siempre vea una o dos de las preguntas con anterioridad. Parece confuso, pero después de un poco de práctica, ello le será natural y lo ayudará bastante. Aun si usted ha perdido la respuesta a una pregunta – **admítalo** y muévase a la siguiente, ya que de lo contrario podrá perder esa también.

Siga las pistas

La respuesta usualmente será pronunciada **claramente**, así que será fácil de oír y entender. Si usted no puede oír algo claramente (porque la persona quien habla se traga las palabras o susurra), entonces muy probablemente la respuesta no estará allí. Con algo de práctica, usted podrá saber la diferencia.

Una buena pista para una respuesta es cuando usted oye la repetición de una palabra, cuando **se deletrea** una palabra (G A R F U N K E L) o cuando **se dicta** una cifra numérica.

Preguntas de deletreo

Aunque suene simple, las preguntas de deletreo no son fáciles. Deberá practicar un poco para estar preparado/a para hacerlo. Pídale a alguien que le deletree los nombres de las ciudades de la siguiente lista. Si estudia por su cuenta, grábese mientras deletrea esos nombres y números, para luego volver a oírlos. Lo mismo aplicará para la lista de los números telefónicos que he incluido aquí. Es una buena práctica que le ayudará a sentirse confiado/a.

Nota: En los números, "00" es algunas veces leído como "double o" en vez de "zero-zero".

Ciudades	**Números**
Antananarivo	423-5207-0074
Brazzaville	628-2087-2311
Conakry	5167-832-0155
Gaborone	8746-221-0302
Johannesburg	5337-298-0132
Kinshasa	5900-231-7621
Libreville	4348-663-980
Lilongwe	11-267-55410
Mogadishu	101-9020-7624
Ouagadougou	413-2567-9011

Tipos de preguntas del examen de comprensión auditiva

¿Recuerda usted mi promesa – de que no habrá sorpresas en el IELTS? La siguiente tabla le indicará a usted cada uno de los diversos tipos de preguntas que podrá encontrar en el folleto del examen de comprensión auditiva. Diferentes tipos de preguntas vienen con diferentes instrucciones. Así que si las ve y las recuerda ahora, le servirán para aprovechar su tiempo más tarde.

No aparecerán en su examen cada uno de los modelos que le suministro aquí. Aunque la tabla presentada posteriormente parece ser algo aburrida, mi consejo es que la estudie completamente **ahora**. ¡No permita que lo tomen por sorpresa!

Tipo de Pregunta	¿Qué deberá hacer usted?	Instrucciones en el libro
Selecting pictures (Seleccionar la figura)	De 3-4 fotos, escoja la que mejor describa lo que usted escuche.	Write the correct letter.
Multiple choice questions (Preguntas de selección múltiple)	Hay una pregunta y un número de respuestas (tres, cuatro o cinco), su trabajo será escoger la correcta (algunas veces serán más de una).	Choose the correct letter /Choose the correct answer.
Matching information (Emparejamiento de información)	Hay una lista de items mencionados en la grabación. Para cada uno de ellos debe elegir la opción correcta de otra lista en el folleto.	Write the correct letters next to questions.
Short-answer questions (Preguntas de respuestas cortas)	Responda con 1, 2 o 3 palabras, según indiquen las instrucciones.	Complete the notes below. Use NO MORE THAN 3 WORDS for each answer.
Sentence completion (Completación de frases)	Completar una frase de acuerdo a lo que usted escuche.	Complete the sentences below. Use NO MORE THAN 3 WORDS for each answer.
Form/Notes completion (Completación de formulario / Notas)	Se suministra un formulario o conjunto de notas. Debe rellenar los espacios en blanco.	Complete the form/notes. Write NO MORE THAN 3 WORDS for each answer.
Chart/Table completion (Completar Gráfico / Tabla)	Se suministra una tabla con algunos espacios vacíos. Su trabajo será llenarlos de acuerdo a la grabación que usted escuche.	Complete the chart/table. Use NO MORE THAN 3 WORDS for each answer.
Gap-fill (Llenar espacios en blanco)	Habrá algunas frases con palabras faltantes. Usted deberá escoger la palabra apropiada y escribirla en el espacio en blanco. Elíjala de la lista (si hay una) o de las palabras que haya escuchado.	Complete the notes below by writing NO MORE THAN 3 WORDS in the spaces provided.
Plan/Map/Diagram labeling (Completar los Planos / Mapas / Diagramas)	Escriba una descripción de 1, 2 o 3 palabras para las diferentes partes de un diagrama de acuerdo a lo que usted escuche	Label the plan/map/diagram below. Choose the correct letters / write NO MORE THAN 3 WORDS in the boxes/spaces provided.

Nota: En algunos casos, las instrucciones en el folleto indicarán un diferente límite de palabras para su respuesta. Por ejemplo: "Use NO MORE THAN 2 WORDS AND/OR A NUMBER for each answer". (NO usar más DE 2 PALABRAS Y/O UN NUMERO para cada respuesta)

Eliminar las respuestas incorrectas

Cuando usted tenga que contestar preguntas de selección múltiple, la eliminación es una buena estrategia.

Generalmente, sólo una respuesta será la correcta, si las instrucciones no dicen algo diferente. Esta actividad deberá realizarse con la técnica de True/False/Not Given (Verdadero/Falso/No Suministrado). En las preguntas de selección múltiple, considere cada opción y pregúntese si es Verdadera, Falsa o No Suministrada de acuerdo al artículo. ¡Claro, la única opción que será verdadera será la respuesta correcta! Cualquier otra respuesta, obviamente, será incorrecta.

Recuerde que existirán casos en donde todas las respuestas serán correctas u otras donde ninguna de ellas serán las correctas. Lea cuidadosamente las instrucciones y sabrá que hacer en tales casos.

Estrategia para llenar los espacios en blanco

Observe las palabras alrededor del espacio en blanco para entender qué es lo que falta, un pronombre (tal como "boy", "toy", "truck"), un adjetivo ("little", "pretty", "shiny") o un verbo ("stands", "looks", "moves").

Por ejemplo, si usted ve un pronombre delante del espacio vacío ("The boy is___"), significa que es un adjetivo ("The boy is **little**"). En el siguiente caso que lo que faltará será un **Verbo** ("The boy is **smiling**").

Una vez que usted haya seleccionado una palabra, escríbala en el espacio vacío y luego lea la frase completa para asegurarse de que haga sentido.

Consejo: No necesita cambiar la palabra que escuche en la grabación. Esta debe caber en el espacio sin cambiar su forma o tiempo verbal. Si considera que debe cambiar la palabra para que quepa en el espacio, es posible que sea la respuesta incorrecta.

Revisar la gramática

Si la respuesta que usted suministró es gramaticalmente incorrecta, será considerada incorrecta. Revisar la gramática de sus respuestas le permitirá saber si su respuesta es correcta o no, especialmente en cierto tipo de preguntas tales como:

- Llenado de espacios en blanco
- Completación de oraciones

Use su tiempo sabiamente

Durante el examen, tendrá un pequeño espacio de tiempo entre las secciones del examen de comprensión auditiva. Uselo para revisar y completar sus respuestas.

Preguntas "camaleónicas"

Estas podrán usar diferentes palabras con el mismo significado para confundirlo. Estas podrían ser expresiones o sinónimos.

Por ejemplo, la grabación podría decir "Kathrin was angry with her friends because…" (Kathrin estaba enojada con sus amigos porque…) y la pregunta en el folleto podría decir "Choose two reasons why Kathrin was furious at her friends" (Elija dos razones por las cuales Kathrin estaba enojada con sus amigos). La dos palabras "angry" (enojada) y "furious" (furiosa) describen lo mismo, pero usted podría perder las respuestas si intenta oír exactamente la misma palabra en la grabación tal cual como esta en el folleto de preguntas.

Estar pendiente de las trampas

Trampa número uno – giro inesperado

Usted podrá escuchar a una persona que empieza a decir una cosa y que luego, de repente, dice algo completamente diferente. Esta es una trampa, así que asegúrese de no caer en ella. La regla aquí es que "la última palabra es la que cuenta" Por ejemplo: Si el interlocutor dice "Quiero visitar esa galería el lunes. No, espera, acabo de recordar que el lunes está cerrada, por lo que iré el miércoles.", y la pregunta es "¿cuándo?" La respuesta correcta aquí es "el miércoles" y "el lunes" es la trampa.

Trampa número dos – generalizaciones

Usted podrá escuchar a una persona que primero suministra una lista de cosas y que luego las dice todas en **una sola palabra**. Por ejemplo: "Bien, a mí me gusta ir a nadar, ir de excursión y acampar – como actividades al aire libre". Si la pregunta es "¿Qué tipo de actividades…" la respuesta correcta será "las que son al aire libre" y no "nadar", "ir de excursión" y "acampar".

Copiar las respuestas inteligentemente

Luego de transcurrir 30 minutos aproximadamente del examen de comprensión auditiva, se le suministrarán 10 minutos adicionales. Durante el examen, usted habrá escrito todas las respuestas en el folleto del examen de comprensión auditiva. Esos 10 minutos son para que usted copie sus respuestas en la hoja de respuestas. Usted deberá usar dicho tiempo **de manera inteligente**.

La hoja de respuestas tiene dos lados: uno para el examen de comprensión lectora y otro para el de comprensión auditiva. Asegúrese de que usted escriba en la sección del examen de comprensión auditiva. Incluyo un ejemplo de una hoja de respuestas para que usted se familiarice con ella y la use para practicar. Primero, copie todas las respuestas del libro a la hoja de respuestas y preste atención a los siguientes consejos (por más simples como parezcan – son GRAN ahorradores de tiempo).

- Para las preguntas de selección múltiple y preguntas de selección de fotografías – solamente copie la letra de la respuesta correcta. No la encierre en un círculo.
- Para completar frases – solamente copie su respuesta, en lugar de toda la frase completa.
- Para las preguntas de True/False/Not Given – solamente copie su selección como T, F y NG.
- Para las preguntas de llenado de espacios en blanco – solamente copie la palabra que usted ha seleccionado para el espacio en blanco.
- Para las respuestas abreviadas (Ejemplo: "prof. advice", "consejo prof.") – escriba la palabra completa ("professional advice", "consejo professional").
- Asegúrese que todas las respuestas sean claras y legibles.

Si a usted le faltaron algunas preguntas por responder – ahora será una excelente oportunidad para adivinar las respuestas.

Así es la hoja de respuestas:

1		21	
2		22	
3		23	
4		24	
5		25	
6		26	
7		27	
8		28	
9		29	
10		30	
11		31	
12		32	
13		33	
14		34	
15		35	
16		36	
17		37	
18		38	
19		39	
20		40	

Para quienes se preguntan por qué todas las respuestas tienen que consistir en **un máximo de 3 palabras** – aquí está la respuesta: ¡no hay suficiente espacio en la hoja de las respuestas para algo más largo!

¡Practicar, practicar, practicar!

Recomiendo ampliamente que usted aplique todos los consejos mientras práctica. Para practicar, necesitará ejemplos del examen de comprensión auditiva, los cuales pueden encontrarse en los siguientes sitios de internet:

http://ielts-blog.com/online-practice/ – seleccione el tipo de curso (General/Académico), y luego clique en un botón cuadrado que dice "FREE".
http://www.ieltsgym.com/?id=FreeEnglishlessons – ejercicios en línea con respuestas.
http://www.esl-lab.com/ - para esto necesitará un "Real Audio Player".
http://www.ieltsontrack.com/mini_test.php?module=1 – un texto con una transcripción.

Escuche las pistas y comience a utilizarlas mientras busca las respuestas. Esta será la única manera de poder entender realmente como éstas funcionan. Usted quizá deberá escuchar el mismo archivo auditivo más de una vez para practicar las diversas técnicas.

Estrategias para el examen de comprensión lectora

Estructura del examen

La lectura académica, en muchos casos, consistirá en 3 artículos largos tomados de diarios o revistas. El primer artículo generalmente es el más fácil y el último, el más difícil.

Tal como en el examen de comprensión auditiva, las preguntas del examen de comprensión lectora se encuentran distribuidas en grupos. Las instrucciones le dirán a usted qué grupo de preguntas pertenecen a qué párrafo o a qué porción del texto. Usted posiblemente podrá ver la pregunta **antes** o **después** del artículo al cual pertenece.

Maneje su propio tiempo

Como he dicho anteriormente, el tiempo es su **mayor** enemigo. Usted necesitará administrarlo usted mismo cuidadosamente y es aquí donde entra la regla **"15–20–25"**.

Al recibir el folleto del examen de comprensión lectora, cuente primero cuantos artículos hay. Típicamente, habrá 3 artículos en el folleto. Usted podrá dividir la hora en tres partes iguales y pasar 20 minutos en cada uno, pero ésta no es la manera más inteligente de hacer el examen. La manera más **inteligente** será pasar 15 minutos en el primer artículo, 20 minutos en el segundo y 25 en el último. ¿Por qué? ¡Porque ellos progresan según su nivel de dificultad!

Anote el tiempo de inicio y el tiempo cuando deberá de terminar de trabajar en cada artículo y mantenga dicho tiempo. En cada artículo, reserve 2 minutos para copiar sus respuestas en la hoja de respuestas. Por ejemplo, en el primer párrafo, deberá usar 13 minutos para responder las preguntas (escribir las respuestas en las páginas del folleto) y 2 minutos para copiar sus respuestas en la hoja de respuestas.

Si usted no termina un artículo a tiempo, siga al próximo. Y en cualquier caso, por favor no se olvide de la hoja de respuestas (recuerde el hombre que obtuvo una puntuación de CERO).

Si a usted le queda algo de tiempo al final del examen de comprensión lectora, asegúrese de que no se le haya olvidado contestar alguna de las preguntas. Revise dos veces sus respuestas. Pudiera obtener algunos "puntos" fáciles si usted encuentra las respuestas incorrectas antes de que el examinador lo haga.

¡No lea – escanee!

Suena absurdo que usted no necesite leer en una prueba de comprensión lectora, ¿no es cierto? Bueno, es cierto. El error más grande que usted podrá realizar es comenzar el examen leyendo todos los artículos presentados.

Lo mejor será escanear el texto rápidamente. ¡No trate de entender cada palabra! Sólo examine cada palabra para obtener la idea acerca de qué trata cada párrafo. Usualmente, usted no necesitará leer todo el párrafo, ya que las primeras frases del mismo serán suficientes.

Haga un mapa

El texto que estará leyendo durante el examen de comprensión lectora se asemejará a un extraño y nuevo territorio. ¡Será fácil perderse dentro de todas esas palabras! Lo que usted necesitará será tener un mapa con el cual poder orientarse. Cada párrafo en los artículos tiene su propia idea principal, la cual será diferente de la de todos los demás párrafos. Escriba en los márgenes cerca del párrafo cuáles son los temas y cuál es su idea principal. Si escribir le toma mucho tiempo, subraye las palabras en el párrafo que explica la idea principal. ¡Felicitaciones!. Usted habrá creado un mapa que más tarde le ayudará durante la búsqueda de las respuestas.

Aprenda las reglas

Primero, lea las instrucciones y el ejemplo. Ellos le indicarán exactamente como deberá ser su respuesta – si la misma es un número o un sustantivo, cuántas palabras deberá escribir, etc. Los siguientes puntos serán importantes puesto que ellos podrían afectar su puntación negativamente.

1.　Estilo

Cuando coloque las respuestas, copie el **estilo del ejemplo**. Para ilustrarlo, observe la siguiente tabla:

	USA	Canada	Sweden
Divorce rate	*Example 1*: **55%**		
Marriage	*Example 2*: **first**		

Ejemplo 1
Si el ejemplo dice "55", suministre su respuesta en esta forma exacta: un número y el signo %. Cualquier otra forma o estilo (tal como "55" o "55 por ciento" o "cincuenta y cinco por ciento") podrá dañar su puntación.

Ejemplo 2
Si el ejemplo dice "primero", el responder en cualquier otra forma o estilo (tal como "1ero","1" o "primer matrimonio") también podrá dañar su puntación.

2.　Límite de palabras
Generalmente, si hay un límite de palabras para una respuesta, no será de más de 3 palabras. Las preposiciones (in, of, to, at, etc.), los artículos (a, an, the) y los números (5, 12, etc.) se consideran palabras. La razón tras este límite de 3 palabras es el espacio limitado de la hoja de respuesta.

3.　Una pregunta – Una respuesta
No suministre más de una respuesta a una pregunta, aun si usted observa más de una opción. Esto le dará una puntuación de CERO. Por ejemplo, si usted ve los nombres de 3 países que califican como una respuesta y la pregunta le pide nombrar solamente uno, no piense ni siquiera nombrar 2 ó 3 países, ya que la respuesta correcta será nombrar, exactamente uno. Sólo si le preguntan por dos nombres, usted deberá nombrar dos.

Tipos de preguntas

Los tipos de preguntas que usted tendrá que enfrentar están en la tabla a continuación. Se incluyen diversos tipos de preguntas con diferentes instrucciones. Es importante que usted las veas todas **ahora**, para que no le sorprenda nada al momento de su examen IELTS. Entender anticipadamente qué deberá hacer usted en cada una de los tipos de preguntas le dará a usted una gran ventaja. De esta manera, durante el examen, usted sólo deberá leer las instrucciones para **confirmar** lo que ya sabe.

Tipo de pregunta	¿Qué deberá usted hacer?	Instrucciones en el folleto
Matching headings (Emparejamiento de títulos)	Se le mostrará una lista de encabezados. Su trabajo será elegir el que corresponda para cada uno de los párrafos del artículo.	Choose the most suitable heading for each paragraph from the list of headings below.
Matching information (Emparejamiento de información)	Su tarea sera encontra a cual párrafo o sección de ese texto se encuentra alguna información en particular.	Which part of the text mentions the following? Choose the correct letter.
Multiple choice questions (Preguntas de selección múltiple)	Hay una pregunta y un número de respuestas (tres, cuatro o cinco). Su trabajo será elegir la respuesta correcta. (Algunas veces es más de una).	Choose the correct letter.
Short-answer questions (Preguntas de respuesta corta)	Responda en 1, 2 o 3 palabras, tal como las instrucciones lo indican.	Using NO MORE THAN THREE WORDS answer the following questions.
Sentence completion (Completación de oraciones)	Complete las oraciones de acuerdo a lo que lea. Podria haber una lista de continuación de oraciones para elegir, o podría tener que usar palabras del texto para completar cada oracion.	Complete the sentences below. Write the correct letter / Use NO MORE THAN THREE WORDS for each answer.
Chart/Table completion (Gráfico/Completación de una tabla)	Un gráfico/tabla con espacios en blanco es dada, por lo que usted deberá completarlas de acuerdo al articulo presentado.	Complete the table/chart below using information from the reading passage. Use NO MORE THAN THREE WORDS for each answer.
True/False/Not Given Questions (Preguntas de True/False/Not Given)	Hay una afirmación, que puede ser True, False or Not Given en el artículo. Allí usted deberá decidir de acuerdo a lo que ha leído.	Read the passage and look at the statements below. Write TRUE if the statement is true, FALSE if the statement is false and Not Given if the information is not given in the passage.
Yes/No/Not Given Questions (Preguntas de Yes/No/Not Given)	Hay afirmaciones que pueden estar de acuerdo con lo expuesto por el autor, como también contradecir o no tener ninguna relación con lo expresado por él. Usted deberá decidir de acuerdo a lo leído.	Read the passage and look at the statements below. Write YES if the statement agrees with the claims of the writer, NO if the statement contradicts the claims of the writer and Not Given if it is impossible to say what the writer thinks about this.

Módulo Académico IELTS – Cómo Maximizar Su Puntuación

Tipo de pregunta	¿Qué deberá usted hacer?	Instrucciones en el folleto
Matching features (Emparejamiento de caracteristicas)	Emparejamiento con respecto al contenido de un texto.	Choose the correct letter.
Gap-fill (Completación de espacios en blanco)	Hay varias oraciones que tendrán palabras faltantes. Usted debería escoger la palabra correcta y escribirla en el espacio en blanco. Escójala de la lista (si es que hay una) o del texto.	Complete the summary below (Choose your answers from the box at the bottom of the page).
Diagram labeling (Completación de Diagramas)	Escriba una descripción de 1, 2 o 3 palabras para las diferentes partes de un diagrama respecto a lo que usted haya leído.	Label the diagram below. Use NO MORE THAN THREE WORDS from the passage for each answer.

¡Pescar las respuestas!

Ahora será el momento de empezar a "pescar" las respuestas. Lea las preguntas una por una, y vea cada una de las preguntas. Determine cual es su tema principal. Luego ubíquela en su mapa – ese es el párrafo donde deberá buscar la respuesta.

Sea selectivo

Si alguna de las preguntas le toma mucho tiempo, déjala y pase a la siguiente. No se olvide de marcarla con algún signo (por ejemplo "?"), para que pueda identificarla y regresar a ella más tarde. Puesto que hay muchas preguntas, usted podrá contestar las más fáciles primero. Esto en caso de que las más difíciles le tomen mucho tiempo. Otra razón para dejar las preguntas difíciles para después es que luego de que usted conteste todas las más fáciles, sabrá más sobre el texto y, por consiguiente, solucionar las preguntas difíciles se le hará más fácil.

Use la distribución del artículo

Cada texto y cada párrafo tendrán una cierta estructura, lo cual significará que ha sido escrito de acuerdo a ciertos parámetros.

Generalmente, el primer párrafo contiene la idea principal del artículo y la opinión del autor. El último párrafo generalmente resume los puntos principales del artículo.

Cada párrafo tiene una estructura similar a la estructura de un texto completo. Tiene una introducción, un cuerpo y una conclusión. La idea principal generalmente podrá ser hallada en la introducción. Significa que si usted desea entender rápidamente de qué trata un párrafo, solo deberá leer su introducción.

Encuentre las palabras claves

Las palabras claves son las palabras principales de la preguntas. Estas contienen la información más importante. Por ejemplo, en una pregunta como "Employers are likely to employ graduates, who…" ("Los empleadores buscan contratar graduados que….") hay 3 palabras principales: **employers**, **employ** y **graduates**. Identifique las palabras claves en cada pregunta y ubíquelas en el texto – la respuesta estará cerca. No se detenga luego de encontrar una. En lugar de ello, continúe y escanee las respuestas a lo largo del texto – ya que podrían haber más.

Estrategia para las preguntas de emparejamiento de títulos

Primero, lea las instrucciones y el ejemplo. Si las instrucciones dicen que un título **no podrá ser** utilizado más de una vez – elimine de la lista el título que se usó en el ejemplo. De esta manera, usted no lo usará nuevamente por error (¡y créame que este es un error muy común!).

Segundo, regrese al mapa que usted preparó. Observe el texto y vea su mapa para así ver qué se dice sobre la idea del primer párrafo. Observe la lista de los títulos y elija el título que tiene el significado más parecido a la idea en su mapa. Entonces escriba su numeración en los márgenes de su primer párrafo. Ahora continúe y haga lo mismo con el segundo párrafo y así con los demás.

Algunas veces, usted verá que el párrafo "X" *menciona* lo mismo que el título "Y", *pero sólo como información adicional (no como la idea principal)*. Es una **trampa** para que usted elija el título Y para el párrafo X. Puede sonar confuso, pero este **ejemplo** lo explica:

Párrafo "X":
The end result says that 61.6% of the Dutch people vote tegen (against) the European Constitution, while 38.4% voted voor (for) the Constitution. Turnout was unexpectedly high, at 62.8%, more than the last three elections. The "no" vote follows a similar vote in France last week that led to the resignation of the prime minister Jean-Pierre Raffarin.

Título "Y": Prime minister of France resigns

Explicación:
Aún cuando la renuncia del Primer Ministro de Francia se menciona en el párrafo "X", *ese no es el tema*. El tema es referente a los holandeses que votan en contra de la constitución, lo cual significa que el título "Y" no es apto para el párrafo "X".

Si algunos de los párrafos son difíciles de emparejar – déjelos, siga adelante y regrese más tarde a ellos.

Cuando termine de emparejar las preguntas con los párrafos, revise cuidadosamente sus respuestas, porque estas podrían influenciar cada una de las mismas. No olvide de transferir las respuestas a la hoja de respuestas.

Estrategia para el tipo de pregunta de True/False/Not Given

Para simplificárselo, si la afirmación **claramente** aparece en el texto – será True. Si el texto claramente dice lo **contrario** de la afirmación en la pregunta – será False. Si usted no halla que la afirmación no es ni True ni False, será Not Given.

Cada artículo se divide en párrafos y cada párrafo usualmente contiene **la respuesta a una pregunta**. Significa que si usted ha encontrado una respuesta a la pregunta 1 en el párrafo A, entonces la respuesta a la pregunta 2, probablemente estará en el párrafo B. En muchos de los casos, cuando usted no vea que el párrafo ha confirmado que la frase es Verdadera o Falsa, la respuesta será No Suministrada.

El mejor consejo que puedo darle es no pensar de más. De lo contrario, usted podría comenzar a construir secuencias lógicas que podrían llevarlo en la dirección incorrecta.

Una **trampa** con la cual se debe tener cuidado son las opciones con respuestas explícitas. El siguiente ejemplo demuestra a lo que me refiero:

El texto dice: "This course is a must for all the first year students, excluding foreign students". ("Este curso es obligatorio para todos los estudiantes de primer año, excluyendo a los estudiantes extranjeros").

La Pregunta es: "**All** the first year students have to take this course" ("**Todos** los estudiantes de primer año tienen que tomar este curso").

La Respuesta deberá ser False, porque allí hay una excepción – los estudiantes extranjeros.

Todas las respuestas explícitas que significan "sin excepciones" son un poco suspicaces y requieren de una mayor atención.

Estrategia para las preguntas de selección múltiple

Aquí también la técnica de "True/False/Not Given" será de gran ayuda. La diferencia es que usted necesitará usarla en cada opción. Para cada posible respuesta, necesitará decidir si el enunciado de la pregunta es True, False o Not Given. Finalmente, las respuestas que usted haya marcado como False o Not Given serán incorrectas, y las que usted haya marcado como True, serán correctas.

Recuerde: la afirmación es True sólo si el artículo presenta exactamente la **misma** información. Es False cuando el artículo dice lo **opuesto** y es Not Given, en todos los demás casos.

Recuerde que habrán casos en los cuales las alternativas serán correctas y casos donde ningunas serán correctas. Lea las instrucciones cuidadosamente y usted sabrá qué hacer en esos casos.

Estrategia para la pregunta de llenado de espacios en blanco

Primero, trate de entender cuál es la idea de la primera frase. Luego encuéntrela en su mapa – esto deberá llevarlo a usted al párrafo que "esconde" la respuesta.

Ahora, una vez que ya sabe donde **deberá** buscar, deberá saber **qué** es lo que deberá buscar. Observe el texto alrededor del espacio en blanco para entender qué es lo que falta – un pronombre (tal como "boy", "toy", "truck"), un adjetivo ("little", "pretty", "shiny") o un verbo ("stands", "looks", "moves").

Por ejemplo, ¿Qué será lo que falta aquí? "She ____ around and saw him in the corner"("Ella _____ alrededor y lo vio a él en la esquina").

Usted tiene 4 opciones: "happy", "man", "looked", "smiled". Es obvio que usted necesitará colocar un verbo aquí, pero ¿cuál?, "looked" o "smiled"? Ahora, será hora de comenzar a leer el texto. Localice la respuesta del ejemplo y comience desde allí. Recuerde leer solamente la primera, la segunda y la última frase. ¡Es obvio que "looked" es la palabra correcta!

A veces hay palabras que están cerca del espacio en blanco que le darán una pista acerca de cual podría ser la palabra faltante. Por ejemplo: "The main physical activities in the summer camp are fishing, _____ and swimming.". Naturalmente, usted buscará palabras que tengan la terminación "ing" para llenar el espacio, tal como "hiking".

Hay dos tipos de espacios en blanco:
1) **Hay** una **lista de palabras** para que usted elija la más apropiada
2) No hay **una lista**. Usted deberá escoger las palabras del texto.

Cuando usted elige una palabra de la lista y las instrucciones indiquen que cada palabra deberá ser usada sólo **una vez**, escríbala encima del espacio en blanco y elimínela de la lista. Si hay más de una respuesta posible – escriba cada una de ellas y luego decida cuál es la mejor.

Si una lista no es suministrada, trate de elegir una palabra del texto. Será mejor que "inventarla" porque le ahorrará tiempo, y la probabilidad de acertar será mayor. Luego de que usted haya decidido cuál es la palabra que deberá ir en el espacio en blanco, lea nuevamente toda la frase. Deberá tener sentido de acuerdo al texto, y ser gramaticalmente correcta.

Cuando usted continúe hacia el siguiente espacio en blanco. Recuerde que generalmente no habrá más de 2 espacios vacíos por párrafo. Significará que si usted ha encontrado la respuesta del primer espacio vacío en el párrafo 1, la respuesta del segundo espacio en blanco estará en el párrafo 2, y así sucesivamente.

Las suposiciones son la causa de un bajo puntaje

No suponga que usted sabe la respuesta. Búsquela en el párrafo. Cuando conteste las preguntas, usted deberá quedarse con los hechos tal como están escritos en el párrafo. ¡Olvídese de todo su conocimiento y experiencia personal! El confiar en su propio conocimiento, será la cosa más natural para usted, así que esto algunas veces lo utilizan en el examen IELTS para confundirlo, básicamente para que haga una elección de acuerdo a lo que usted saber o cree saber de acuerdo al artículo.

¡Practicar, practicar, practicar!

Leer el texto de la manera como lo he descrito en este capítulo deberá convertirse en la norma más importante. La única manera para lograr que eso suceda será practicar aplicando mis consejos mientras realiza el examen de comprensión lectora.

Mientras practica, termine el examen de comprensión lectora y luego revise sus respuestas de acuerdo a la hoja con las respuestas. Preste atención a aquellas que usted eligió **incorrectamente**, no a las que usted eligió correctamente – entienda por qué usted no las acertó, y luego trate de recordarlas para no repetir el mismo error.

Practique con un reloj y copie sus respuestas en la hoja de respuestas. Usted puede usar la que se encuentra en el capítulo del examen de comprensión auditiva, ya que es similar a la hoja de respuesta del examen de comprensión lectora.

Para practicar, use solamente exámenes de lectura del Módulo Académico y nunca lecturas de Entrenamiento General. Generalmente, usted necesitará comprar textos para practicar. Sin embargo, he logrado encontrar algunos textos gratis, los cuales recomiendo.

http://ielts-blog.com/online-practice/ – seleccione el tipo de curso (General/Académico), y luego clique en un botón cuadrado que dice "FREE".
http://www.ieltsgym.com/?id=FreeEnglishlessons
http://www.ieltshelpnow.com/sample_tutorials.html
http://www.ieltsontrack.com/mini_test.php?module=2

Consejos para el examen escrito

Como usted ya sabe, el examen escrito del módulo académico tiene 2 actividades:

Writing Task 1 – Escribir un reporte.
Writing Task 2 – Escribir una composición.

Escribir un reporte pudiera tomarle no más de 20 minutos, así que tendrá 40 minutos para la composición. Generalmente, no todos sabemos escribir reportes, esto sin mencionar que tampoco todos saben escribir composiciones, y no se diga si es en inglés! Bueno, SORPRESA – hay una técnica que hará el escribir algo tan sencillo que hasta un niño podrá hacerlo. Así que vamos a ver de qué trata.

Primero, algunos consejos generales

Usted recibirá dos hojas de respuestas para que las escriba (Answer Sheets) – una para la Writing Task 1, es decir, el reporte, y una para la Writing Task 2, es decir, la composición. Mantenga sus escritos pulcros y ordenados. Deje una línea entre los párrafos y no escriba en los márgenes de la hoja de respuestas. No haga un desorden, incluso si usted ha cometido un error – solo cruce la palabra incorrecta una sola vez.

Si hay instrucciones que indican que necesitará escribir sobre un número de cosas (digamos, A, B, C) – sígalas y escriba sobre cada una de ellas. Esto será importante para su puntuación. Necesitará mostrarle al examinador que ha leído y entendido las instrucciones. De lo contrario, él o ella podría pensar que no lo hizo.

Uno de los errores más típicos es copiar las instrucciones de los enunciados. Está absolutamente prohibido. Se gasta tiempo preciado y se pierden puntos por ello. Usted solamente podrá usar lo que está escrito en las instrucciones de las preguntas solamente si las escribe de manera distinta.

El número de palabras en las actividades del examen escrito es muy importante. Así que, si no logra alcanzar el límite de palabras (150 para un reporte, 250 para una composición), deberá tratar de que sea lo más cercano posible a dicha cantidad. Una buena manera de contar rápidamente el número de palabras en su actividades, es contar el número de palabras en una línea y luego multiplicarlas por el número de líneas. Por ejemplo, 10 palabras en una línea x 25 líneas = 250 palabras en total.

Estas simples reglas aplican para el reporte y la composición. Sígalas y su trabajo dará una buena impresión al examinador.

Consejos para la parte 1 del examen escrito – El reporte (Writing Task 1)

Aquí deberá describir escribir un reporte basado en la información presentada en un gráfico. El reporte deberá ser para un profesor universitario, así que usted deberá utilizar un lenguaje apropiado.

Tipos de gráficos para el reporte

Hay varios tipos de gráficos que usted podría encontrar en la actividad 1 del examen escrito (Writing Task 1):

- Gráfico de línea sencilla (single line graph)
- Gráfico de línea doble (double line graph)
- Gráfico de barra – sencilla, doble o triple (bar graph – single, double or triple bar graph)
- Gráfico de torta (pie chart)
- Tabla (table)
- Diagrama de proceso (process diagram)
- Plano / mapa – algunas veces mostrando cambios del pasado al presente, o del presente al future (plan / map)

También podrá ser posible que a usted le suministren 2 gráficos de esta lista. Por ejemplo, un gráfico de línea sencilla y un gráfico de torta. En ese caso, su reporte deberá incluir ambos.

Las siguientes figuras ilustran todos los tipos de gráficos:

Gráfico de línea sencilla (single line graph)

Cifras de desempleo referentes a mujeres

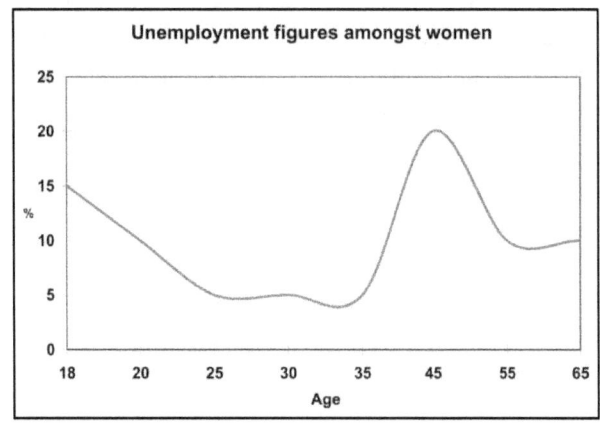

Gráfico de línea doble (double line graph)

Dinero gastado en ropa en el internet en los Estados Unidos y Japón

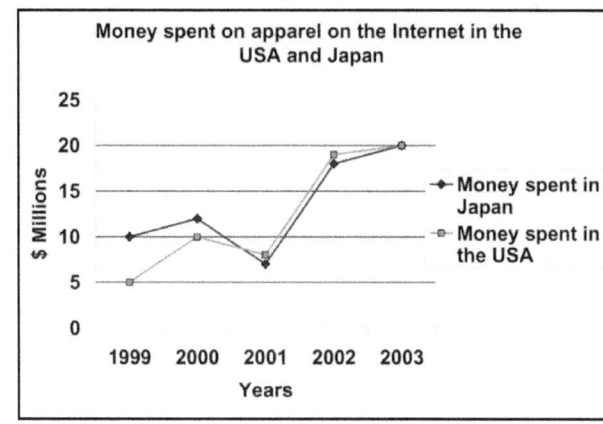

Gráfico de barra sencilla (single bar graph)

Consumo anual de carne en 7 países (kg por persona)

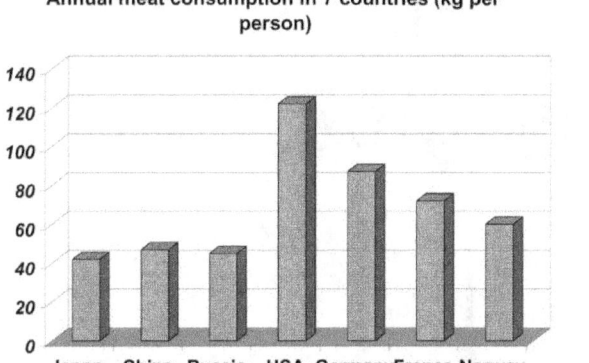

Gráfico de barra doble (double bar graph)

Consumo anual de café y de carne en 7 países

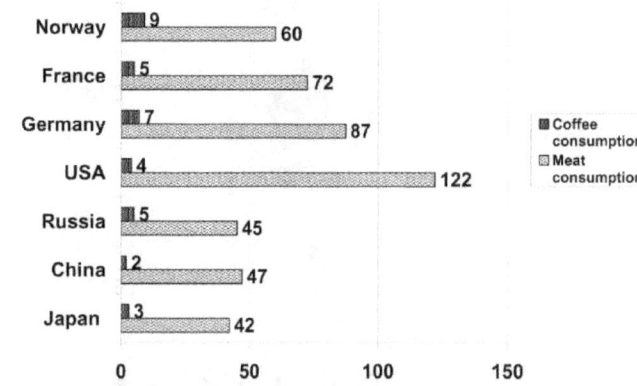

Gráfico de torta (pie chart)

Libros vendidos en 2001 por categorías

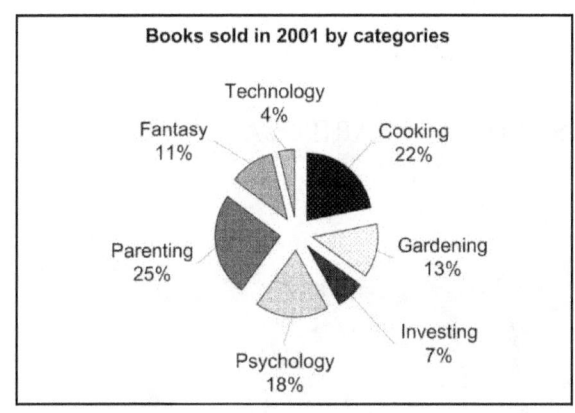

Tecnología	4%
Fantasía	11%
Crianza	25%
Psicología	18%
Cocina	22%
Jardinería	13%
Negocios	7%

Tabla (table)

Actividades de tiempo de ocio entre mujeres de diversos grupos de edades

Leisure time activity	Age 20-25 %	Age 26-30 %	Age 31-40 %	Age 41-50 %
Watching TV	14	20	26	37
Reading	11	9	19	19
Gardening	1	3	5	7
Sports	17	26	2	1
Shopping	16	15	20	9
Cooking	2	5	10	16
Sewing	1	2	1	1
Entertaining	38	20	17	10

Diagrama de Proceso (process diagram)

Ciclo de vida una mariposa

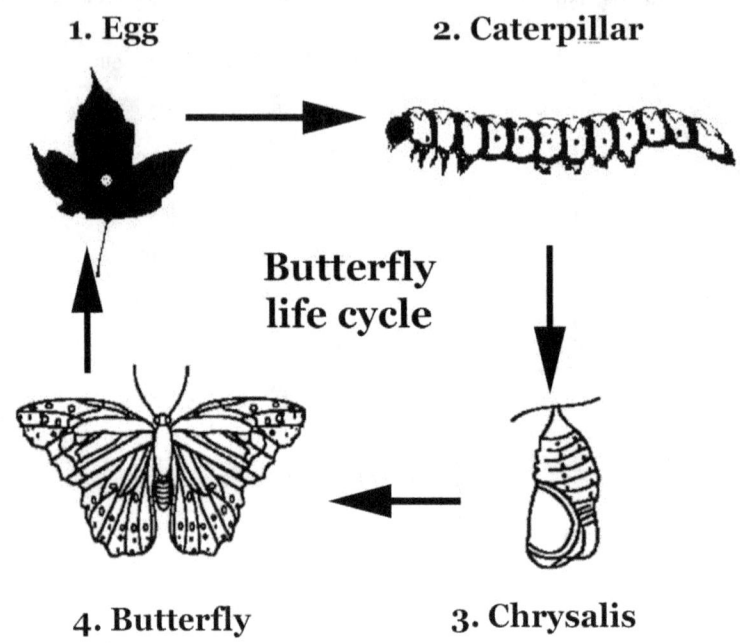

1 – HUEVO   2 – ORUGA   3 – CRISALIS   4 – MARIPOSA

Plano/Mapa (plan/map)

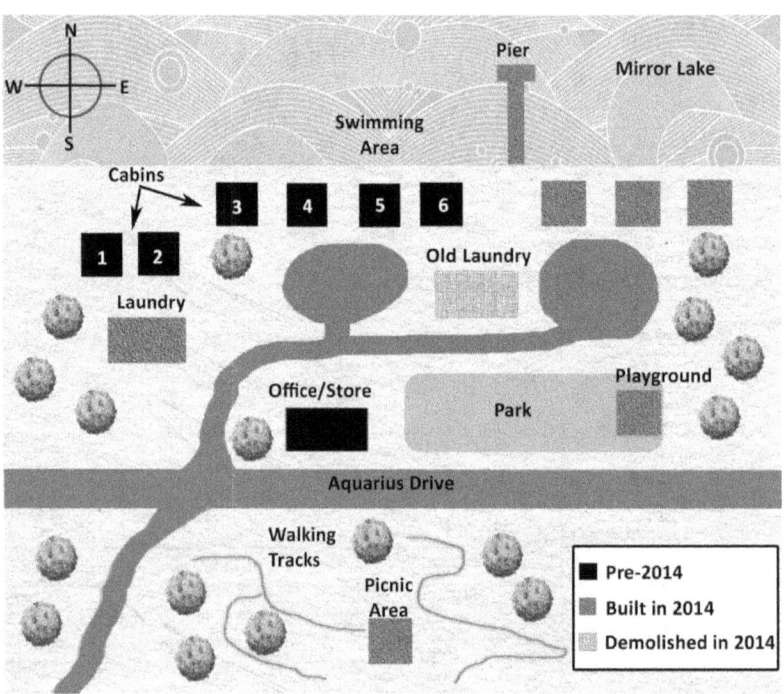

Reglas universales

Sin importar qué tipo de gráfico describa usted, no deberá romper estas reglas:

- Su reporte deberá ser de al menos 150 palabras escritas en aproximadamente 20 minutos.
- Usted no deberá escribir su opinión o copiar palabras del gráfico – deberá refrasear la información que se suministra en el gráfico y usar sinónimos.
- No use viñetas. Escriba como si estuviera realizando una composición.

¿A que se asemeja un buen reporte?

Cuando su actividad 1 del examen escrito sea calificada por los examinadores IELTS, ellos buscarán ver esta estructura:

1. Introducción (1 párrafo)

2. Cuerpo (podrá consistir en 2-3 párrafos)

3. Conclusión (1 párrafo)

La introducción deberá describir el propósito del reporte e incluir cuáles son las tendencias que observó. Por ejemplo, si la tendencia en el gráfico es a subir o a bajar, usted deberá mencionarlo. Necesitará recordar que usted estará describiendo un gráfico para alguien que no lo está viendo, así que sus palabras deberán ilustrar la información presentada en el gráfico. Escriba de qué trata el gráfico, las fechas y las categorías incluidas.

El cuerpo deberá describir las tendencias más importantes, mientras que toda la información deberá ser resumida para evitar detalles innecesarios. Por ejemplo, si hay un gráfico con 2 cimas, deberá mencionarlas. Mencione cuándo aparecen esas cimas y cuáles son sus valores.

Observe cuantas características distintivas posee el diagrama y divida la información en párrafos. Use un párrafo para una característica (o para un grupo de características *similares*). Usted deberá vincular los párrafos con frases que lógicamente las conecten unas con otras.

¡Importante! Usted necesitará escribir sobre todos los períodos de tiempo y sobre todos los temas del gráfico. Si se muestran varios años (1992, 1993, 1994) – escriba sobre todos ellos, si se trata de hombres y mujeres – escriba sobre ambos. Recuerde: resumir no significa eliminar información. El secreto aquí será seleccionar lo que es importante, organizarlo, compararlo y contrastarlo.

La conclusión deberá incluir las tendencias globales mostradas y compararlas, cuando sea posible.

Su opinión no deberá aparecer en ninguna parte del reporte. Usted tampoco deberá incluir otra información que no aparezca en el gráfico. ¡Este tipo de cosas podría ser penalizada!

Marco referencial de tiempo y gramática

El gráfico sobre el cual se necesitará escribir un reporte tendrá siempre un marco referencial de tiempo. Este nos indicará que el gráfico describe algo que:

1) Sucedió en el pasado o…
2) Continúa en el pasado o…
3) Sucede en el presente o…
4) Sucederá en el futuro.

Ejemplo:

"Books sold in 2001 by categories" ("Libros vendidos en el 2001 por categorías") - Sucedió en el pasado (1).

"The way people were spending money on clothes between 1999 and 2003" ("La manera cómo las personas gastaban dinero en ropa entre 1999 y 2003") – continúa sucediendo en el pasado (2).

"Unemployment figures amongst women" ("Cifras de desempleo referentes a las mujeres") – sucede en el presente, **cuando no hay un marco referencial de tiempo, podemos asumir que se trata del tiempo presente** (3).

"The map illustrates the proposed changes" ("El mapa ilustra los cambios propuestos") – los cambios serán realizados en el futuro (4).

Usted deberá utilizar los tiempos correctos:

1) Sucedió en el pasado – Usar el pasado simple (past simple).
2) Continúa en el pasado – Usar el pasado continuo (past continuous).
3) Sucede en el presente – Usar el presente simple o presente continuo (present simple or present continuous).
4) Sucederá en el futuro – Usar el tiempo futuro. Los mapas generalmente requieren usar el futuro pasivo (por ejemplo, "will be built") o el futuro simple (por ejemplo, "will move from … to …"). En otros tipos de gráficos, generalmente, se requerirá usar el futuro simple (future simple).

Gráfico de línea sencilla (single line graph)

¿Cómo comenzar?

"The graph **describes/shows/reveals** … (*¿qué? ¿quién? ¿cuándo? ¿dónde?*). It can be clearly seen that … (*describir aquí las principales tendencias*)."

Vocabulario

Cuando se describe un gráfico similar, todo lo que usted podrá decir es que la tendencia **rises/increases/climbs/goes up (sube/aumenta/escala/va hacia arriba), falls/decreases/declines/drops/goes down (desciende/disminuye/declina/cae/baja), doesn't change/remains at the same level/maintains stability (no cambia/permanece en el mismo nivel/mantiene estabilidad).**

El punto más alto de un gráfico es **"peak" (la cima)** y el más bajo, **"lowest point" (el declive)**. La velocidad de cambio, también importa. Usted deberá decir que tan **"fast/rapidly/quickly"** (**rápido/rápidamente/velozmente**) o que tan **"slowly/gradually/steadily" (despacio sucede/gradualmente/acompasadamente)**. Y claro está, habrá un orden para los cambios – las tendencias en alza estuvieron **"preceded by" (precedidas)** por una subida y **"followed by" (seguidas)** por un declive.

¿Cómo describir las tendencias?

Los números pueden ser tediosos, así que necesitará añadir algo de "color" cuando los describa. Con "color" quiero decir una *comparación*. No solamente escriba "fue de 100 en 1999 a 255 en el 2001". Escriba "aumentó en 155" ó "subió a 255"

Ejemplo

You should spend about 20 minutes on this task.

The graph on the right shows the unemployment figures amongst women of different age groups.

Write a report for a university lecturer describing the information shown.

You should write at least 150 words.

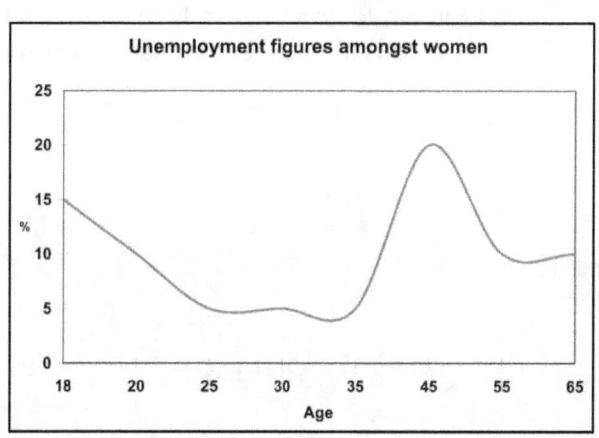

Sample answer

The graph shows percentages of unemployed women at 8 ages. It can be clearly seen that the ages 18 and 45 have the highest unemployment rate.

According to the graph, among the ages 18, 20, 25, 30 and 35, the youngest women have the highest unemployment percentage (15%). 20 year-old women have much lower unemployment figures (about 10%), and percentages drop even lower (to 5 percent) for those aged 25 and 35. There is a slight increase for those aged 30, where the unemployment rate reaches 6 percent.

The peak value is recorded amongst 45 year-old women, and all the remaining ages have much lower figures: 8% at age 55 and 9% at age 65.

To sum up, the figures for most ages are relatively uniform and change from 5 to 9 %, with rare exceptions such as the ages 18 and 45.

Respuesta modelo

El gráfico muestra los porcentajes de mujeres desempleadas en 8 edades. Puede verse claramente que las edades de los 18 y los 45 presentan el porcentaje más alto de desempleo.

De acuerdo al gráfico, entre las mujeres de las edades 18, 20, 25, 30 y 35, aquellas más jóvenes registraron el porcentaje más alto de desempleo (15%). Las mujeres de 20 años registraron un porcentaje más bajo de desempleo (aproximadamente 10%) y los porcentajes descienden aún más (a 5%) para las mujeres de 25 y 35 años. Hay un pequeño aumento para las mujeres de 30 años cuyo porcentaje de desempleo alcanza 6%.

El valor más alto corresponde a mujeres de 45 años, y todas la demás edades registran cifras mucho menores: 8% a los 55 años y 9% a los 65.

Para resumir, las cifras para la mayoría de las edades, son relativamente uniformes y cambian de 5% a 9%, con raras excepciones tales como en las mujeres de edades 18 y 45.

Gráfico de línea doble (Double line graph)

¿Cómo comenzar?

"The graph **compares** ... (¿qué? ¿quién? ¿cuándo? ¿dónde?). It can be clearly seen that ... (*describir aquí las tendencias principales de los 2 gráficos aquí*)."

Vocabulario

El mismo que se usó en la descripción del gráfico de línea sencilla.

¿Cómo comparar tendencias?

En el cuerpo del reporte, escriba su primer párrafo describiendo el primer gráfico.
En el siguiente párrafo, si los 2 gráficos son similares, escriba "*Similarly,*" y describa el otro gráfico.
Si los 2 gráficos son diferentes, escriba "*In contrast,*" y describa el otro gráfico.

Usted también deberá comparar las cimas y declives de los dos gráficos. Ver el ejemplo mostrado abajo.

Ejemplo

You should spend about 20 minutes on this task.

The graph on the right shows the amounts spent on clothes on the Internet in the USA and Japan between 1999 and 2003.

Write a report for a university lecturer describing the information shown.

You should write at least 150 words.

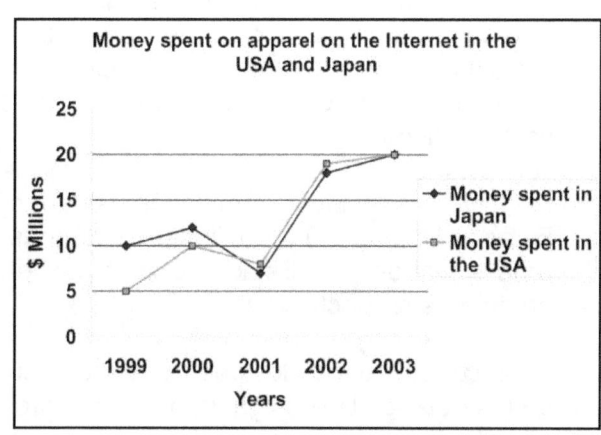

Sample answer

The graph compares amounts of money spent online on clothes in the USA and Japan starting from 1999 and until 2003. It is clear that although at first Japanese buyers were spending much more money than Americans did; as the years went by the spending habits of the 2 countries became almost identical.

In 1999 Japan was spending on clothes almost twice as much as the USA (10 versus 5 million dollars). In the following year the expenditure on clothes in both Japan and USA grew even further to 12 and 10 million dollars respectively.

The only year when expenses plunged in both countries was 2001, when the USA spent only 8 and Japan reached its lowest point at 7 million.

The two following years, 2002 and 2003 showed a rapid increase in sales of clothes in both countries. In 2002 the USA spent about 19 million dollars and Japan's numbers were very close (18 million). Online clothes sales became even more popular in 2003, pushing the figures higher to its peak of 20 million dollars in both Japan and the USA.

Respuesta modelo

El gráfico compara las cantidades de dinero gastados en internet en ropa por los residentes de Estados Unidos y Japón, comenzando desde 1999 y hasta el 2003. Es obvio que aunque inicialmente los compradores de Japón gastaron mucho más dinero que los de Estados Unidos, con el transcurrir de los años, los patrones de gastos de los habitantes de los 2 países se volvieron casi idénticos.

En 1999, los residentes de Japón gastaban en ropa casi dos veces más que los residentes de Estados Unidos (10 y 5 millones de dólares respectivamente). En el siguiente año, los gastos en ropa en Japón y los Estados Unidos crecieron aún mucho más, hasta llegar a los 12 y 10 millones de dólares respectivamente.

El único año cuando los gastos se elevaron en ambos países fue en el 2001, cuando los residentes de los Estados Unidos gastaron solamente 8 millones y los de Japón alcanzaron su punto más bajo (7 millones).

Los siguientes dos años, 2002 y 2003 mostraron un rápido aumento de las ventas de ropa en ambos países. En el 2002, los residentes de Estados Unidos gastaron aproximadamente 19 millones de dólares y los números registrados en Japón estuvieron bastante cercanos (18 millones). Las ventas de ropa en internet se tornaron mucho más populares en el 2003, llevando las cifras hacia un punto máximo de 20 millones de dólares gastados tanto en Japón como Estados Unidos.

Gráfico de barra (Bar graph)

¿Cómo hacerlo?

Para un gráfico de barra sencilla: "The graph **describes/shows/reveals** ... (*¿qué? ¿quién? ¿cuándo? ¿dónde?*). It can be clearly seen that ... (*describir las tendencias principales aquí*)."

Para gráficos de barras múltiples: "The graph **compares** ... (*¿qué? ¿quién? ¿cuándo? ¿dónde?*). It can be clearly seen that ... (*describir las tendencias principales aquí*)."

Vocabulario

El mismo utilizado para las descripciones de los gráficos de línea sencilla.

¿Cómo describir o comparar tendencias?

Si el eje del gráfico de barra es una escala de tiempo – describa cómo el sujeto del gráfico cambia en el tiempo. De lo contrario, compare las barras – "more", "less", "most", "least" (más, menos, la mayoría, la minoría, etc), en orden de aparición.

Ejemplo

You should spend about 20 minutes on this task.

The bar chart on the right shows figures of annual coffee and meat consumption.

Write a report for a university lecturer describing the information shown.

You should write at least 150 words.

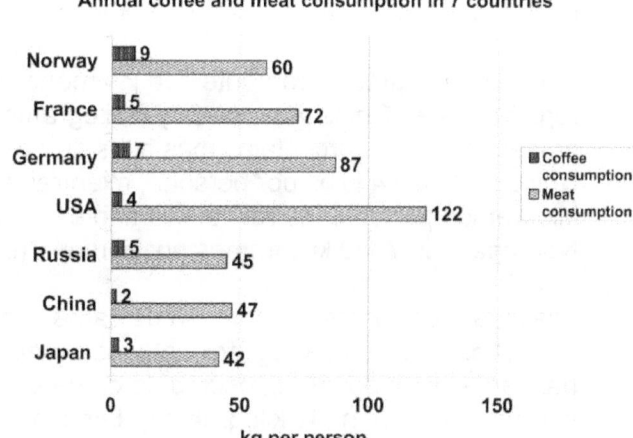

Sample answer

The bar chart compares the amounts of coffee and meat consumed every year in Norway, France, Germany, the USA, Russia, China and Japan.

It can be clearly seen that the lowest rates of coffee consumption are recorded in China and Japan (2 and 3 kg per person respectively). The next three countries have higher rates, consumption of coffee in the USA totals 4 kg per person, while France and Russia have equal consumption rates of 5 kg per person. The highest numbers belong to Germany and Norway, at 7 and 9 kg per person respectively.

Meat consumption numbers are much higher in all countries; the highest numbers are recorded in the USA (122 kg per person) and the lowest in Japan. Meat consumption in Russia (45) and China (47) is similar to that of Japan (42). Three other countries have much higher numbers, starting with Norway (60) and progressing through France (72) to Germany which consumes about twice as much as Japan (87 kg per person).

In conclusion, the report shows that the Asian countries have similar consumption numbers for both coffee and meat.

Respuesta modelo

El gráfico de barra compara las cantidades de café y carne que se consumen anualmente en Noruega, Francia, Alemania, Los Estados Unidos, Rusia, China y Japón.

Puede observarse claramente que los menores porcentajes de consumo de café son los registrados en China y Japón (2 y 3 kilogramos por persona, respectivamente). Los siguientes tres países registran porcentajes más altos de consumo de café. El consumo de café en Estados Unidos totaliza 4 kilos por persona, mientras que Francia y Rusia reflejan porcentajes iguales (5 kilogramos por persona respectivamente). Los números más altos pertenecen a Alemania y Noruega, con 7 y 9 kilogramos por persona respectivamente.

Las cifras referentes al consumo de carne son muchos más altas en todos los países. Los números más altos son los que registra Estados Unidos (122 kilogramos por persona) y el consumo más bajo es el de Japón. El consumo de carne en Rusia (45 kilogramos) y en China (47 kilogramos) es similar al de Japón (42 kilogramos). Los otros tres países registran cifras mucho más altas, comenzando con Noruega (60 kilogramos), luego Francia (72 kilogramos) y Alemania, país el cual consume casi el doble de Japón (87 kilogramos por persona).

En conclusión, el reporte muestra que los países Asiáticos registran cifras similares de consumo de café y carne.

Gráfico de torta (Pie chart)

¿Cómo comenzar?

"The pie charts compare… (*¿qué? ¿quién? ¿cuándo? ¿dónde?*). It can be clearly seen that … (*describa las características más notables*)."

Vocabulario

Cuando describa un gráfico de torta, escriba sobre "**the highest/significant/lowest percentage**" (el porcentaje más alto/significativamente/más bajo), "**the majority/minority**" (la mayoría/la minoría), "**the greatest/smallest proportion**" (la proporción mayor/menor), "**the lowest number**" (el número más bajo), "**the most/least popular/common item**" (el artículo más/menos popular/común), etc.

Si hay una pieza que representa el 25%, usted deberá escribir "**a quarter**" (un cuarto), 50% – "**a half**" (una mitad), 75% – "**three quarters**" (tres curators).

¿Cómo describir y comparar gráficos de torta?

Describa y compare las piezas una por una.

Si cierta pieza es dos o tres veces más grande que otra, usted deberá escribir "**twice or three times as many** Xs were used **as** Ys" ("el doble o el triple, según tantas X se hayan usado como Y").

Otra idea sería escribir "**X is much more (or considerably less) common than Y**" ("X es mucho más (o considerablemente menos) común que Y").

Ejemplo

You should spend about 20 minutes on this task.

The charts below describe books sales of Famous Book Store in 2001.

Write a report for a university lecturer describing the information shown.

You should write at least 150 words.

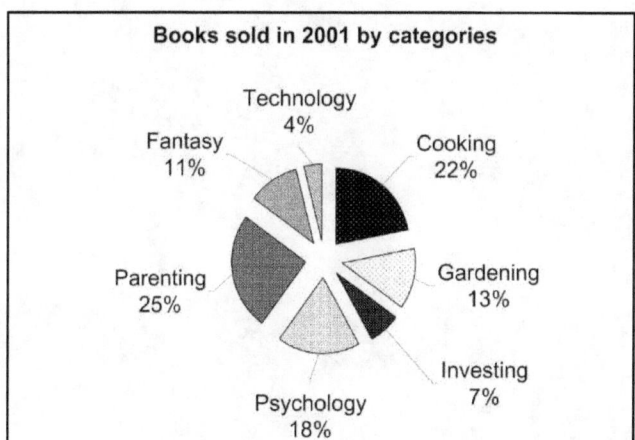
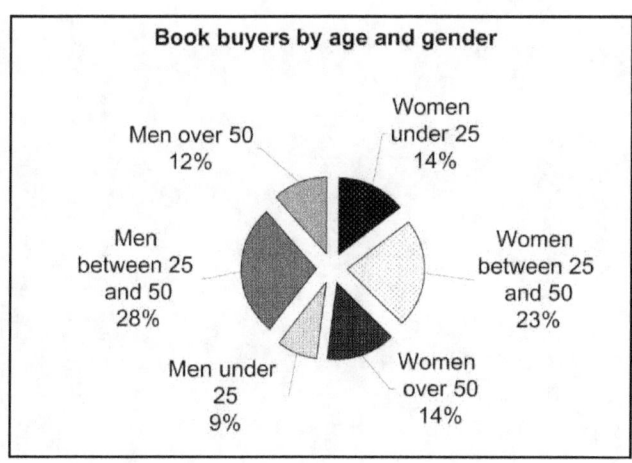

Sample answer

The pie charts compare quantities of books of various categories sold to customers belonging to different age groups and gender during 2001 by Famous Book Store. It can be clearly seen that parenting books are the most popular and that the biggest proportion of books was sold to men between the ages of 25 and 50.

The two dominant categories, parenting (25 %) and cooking (22 %) are followed very closely by psychology, with only 4 percent less sales than for cooking books. Sales of fantasy and gardening literature recorded much smaller figures, 11 and 13 percent respectively. Books on Technology or Investment were the two least popular categories, with only seven percent of sales being on books about Investment and 4 percent on books on Technology.

Most of the books were sold to women and men from 25 to 50 years old (23 and 28 percent respectively). Sales figures amongst women older than 50 or younger than 25 as well as among men over 50 were very similar, 12 and 14 percent. Only 9 % of the books were purchased by men under 25.

Respuesta modelo

Los gráficos de torta comparan las cantidades de libros de varias categorías vendidas a clientes pertenecientes a diferentes grupos de edades y sexos durante 2001 por una famosa tienda de libros. Puede verse claramente que los libros para la crianza son los más populares y que la mayor proporción de libros fue vendida a hombres entre las edades de 25 y 50.

Las dos categorías dominantes, crianza (25%) y cocina (22%), están estrechamente seguidas por psicología, con sólo un 4% menos en ventas que los libros de cocina. Las ventas en las categorías de fantasía y jardinería dan cuenta de números inferiores, (11% y 13% respectivamente). Los libros pertenecientes a las categorías de tecnología y negocios fueron los menos populares, con solamente 7% de ventas para los libros de negocios y 4% de ventas para los libros de tecnología.

La mayoría de los libros fueron vendidos a mujeres y hombres entre los 25 y 50 años de edad (23% y 28% respectivamente). Las cifras de ventas entre las mujeres de más de 50 o menores de 25 años de edad, así como las de los hombres menores de 50, fueron similares (12% y 40% respectivamente). Solamente 9% de los libros fueron comprados por hombres menores de 25 años.

Tablas (Tables)

¿Cómo comenzar?

"The table compares… (*¿qué? ¿quién? ¿cuándo? ¿dónde?*). It can be clearly seen that … (*describe la tendencia/característica más notable*)."

Vocabulario

El vocabulario es el mismo para todas las figuras anteriores. Si no se menciona un período de tiempo o una fecha, asuma que es el tiempo presente.

¿Cómo seleccionar y agrupar la información?

La tabla que usted recibirá generalmente tendrá un gran numero de categorías. Le será presentada *intencionalmente* de esa manera para que le sea imposible describir todas las categorías en 20 minutos.

Cuando analice una tabla, vaya de fila en fila (o de columna por columna) y observe cuáles son los números más altos y más bajos. Esto le permitirá ubicar las categorías que pueda **contrastar** (describiendo las **diferencias** entre ellas).

Si números similares aparecen en las filas/columnas – allí habrá una oportunidad para que usted los **compare** (describiendo las **similitudes** entre ellos).

Deberá aprender a agrupar la información y a describir grupos de categorías. Podrá hacer esto observando las tendencias similares y agrupándolas.

Ejemplo

You should spend about 20 minutes on this task.

The table below describes victims by age group and offence category in Venezuela, 1999.

Write a report for a university lecturer describing the information shown.

You should write at least 150 words.

Age group\Offence	Murder	Negligence	Kidnapping	Robbery	Blackmail
0-14	14	39	110	523	4
15-24	25	4	56	4558	46
25-44	72	0	48	3312	89
45-64	38	2	16	1067	76
65+	13	9	3	220	8
Total victims	162	54	233	9680	223

Sample answer

The table shows statistics of people in five age groups who became victims of various crimes in Venezuela in 1999. It can be clearly seen that robbery was the most common type of offence across all of the age groups.

The largest numbers of citizens were victims of either robbery or kidnapping, with over 4500 and 56 cases respectively for people over 15 and under 24 years old. These numbers reduce though by 25% (to 3312 and 48 respectively) as we move to age group 25 to 44 and reduce even more for ages 45-64, dropping to 1067 cases of robbery and 16 kidnappings. Figures for blackmail and murder victims show a very similar tendency to increase as we move from the 0-14 to the 25-44 age group, where they peak at 89 and 72 respectively.

Another noticeable feature is that the majority of the victims belonged to ages from 15 up to 64 for all kinds of offences, with the exceptions of negligence and kidnapping, where most of the victims belonged to the 0-14 age group.

Respuesta modelo

La tabla indica las estadísticas de personas clasificadas en cinco grupos de edades que fueron víctimas de diversos crímenes en Venezuela en 1999. Puede verse claramente que el robo fue el tipo más común de delito entre todos los grupos de edades.

Los números más altos de ciudadanos corresponden a aquellos que fueron víctimas de robos o de secuestros, con más de 4500 y 56 casos respectivamente para las personas con más de 15 y menores de 24 años de edad. Sin embargo, esos números se redujeron en 25% (a 3312 y 48 respectivamente) y se redujeron mucho más para las edades de 45 a 64, descendiendo a 1067 casos de robos y 16 secuestros). Las cifras para las víctimas de extorsiones y asesinatos muestran una tendencia hacia el aumento, mientras el grupo de las edades de 25 a 44 subieron a 89 y 72, respectivamente.

Otra característica notable es que la mayoría de las víctimas pertenecen a las edades entre los 15 hasta los 64 para todos los tipos de delitos, con las excepciones de negligencia y secuestros, cuya mayoría de las víctimas pertenecen al grupo de las edades comprendidas entre 0-14.

Procesos (Process Diagrams)

¿Cómo iniciarlo?

"The flow chart/diagram describes/reveals the procedures of / for ..." ("El gráfico de flujo/el diagrama de flujo describe/revela/el procedimiento de/para...")

Vocabulario

When describing a process, explain the sequence of stages/actions and use words like: "**firstly (secondly, thirdly), to begin with, then, after that, in addition, otherwise, at the same time (concurrently, simultaneously), finally**".

Cuando describa un proceso, explique la secuencia de las etapas/acciones y use palabras como: "**firstly/secondly/thirdly, to begin with, then, after that, in addition, otherwise, at the same time/concurrently/simultaneously, finally**" (primeramente/segundamente/terceramente, para comenzar, seguidamente, luego de, además de, otra manera, al mismo tiempo, simultáneamente, finalmente).

¿Cómo describir un proceso?

Describa *cada* etapa del proceso, una a una y conecte las etapas usando palabras conectoras de la sección vocabulario ("**firstly, then, finally**", etc.) y mencione si hay o no etapas que se realizan a la misma vez. Usted deberá también darse cuenta de las etapas alternativas (si se realiza la etapa A o B). Aquí la tarea principal será describir, no comparar o contrastar. Use **present simple passive** (el presente simple pasivo): "the letter is written" o "the research is conducted"). Un párrafo conclusivo no será necesario.

Ejemplo

You should spend about 20 minutes on this task.

The diagram on the following page shows how online purchases are made.

Describe the process of online purchase.

You should write at least 150 words.

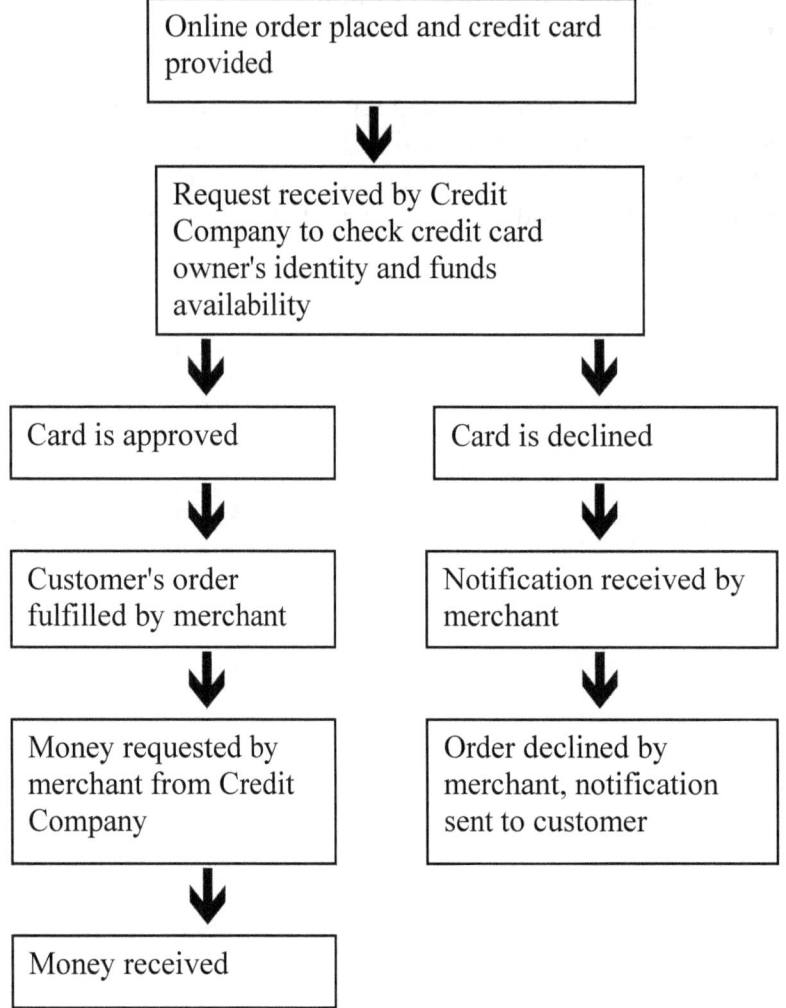

Sample answer:

The flow chart shows the detailed process of making a purchase online, including the actions of the customer, merchant and Credit Company.

First, the online order is placed together with the credit card number to enable the required funds to be withdrawn. Then a request to check the validity of the credit card (by checking that the customer is its real owner) and sufficiency of funds is received by the Credit Company. As a result, the credit card is either approved or denied by the company.

If the credit card is approved, the customer's order is fulfilled by the merchant. After that, the purchase amount is requested by the merchant from the Credit Company and finally, money is received by the merchant.

Alternatively, in cases when the credit card is denied by the Credit Company, notification is sent to the merchant advising them not to supply the goods. Next, the order is declined by the merchant and after that notification is sent to the customer.

Respuesta modelo

La tabla de flujo muestra el detallado proceso para realizar una compra en línea, incluyendo las acciones del cliente, del comerciante y de la compañía de crédito.

Primero, se hace la orden en línea junto con el número de la tarjeta de crédito para permitir que los fondos requeridos puedan ser retirados. A continuación, un requerimiento para confirmar la validez de la tarjeta de crédito (confirmando que el cliente es el verdadero titular) y que haya disponibilidad de fondos será recibido por la compañía de crédito. Como resultado, la tarjeta de crédito será aprobada o rechazada por la compañía.

Si la tarjeta de crédito es aprobada, el pedido del cliente será cumplido por el comerciante. Luego, el comerciante pedirá la cantidad necesaria de dinero para realizar la compra a la compañía de crédito y finalmente, el comerciante recibe el dinero.

Alternativamente, en los casos en donde la tarjeta de crédito es rechazada por la compañía de crédito, se deberá notificar al comerciante para que no envié los artículos. Seguidamente, el pedido será rechazado por el comerciante y, posteriormente, se deberá enviar una notificación al cliente.

Planos / Mapas (Plans / Maps)

¿Cómo comenzar?

"The map / plan / diagram describes / shows / indicates / illustrates … (¿qué? /¿dónde?/ ¿cuándo?). It is clear / evident that … (describa la característica o el cambio más notable)."

Vocabulario

Cuando compare mapas, use palabras tales como "**north / to the north of…/ on the northerly side / south / east / west**" (norte / al norte de…/ en el lado norte / sur / este / oeste) para describir ubicaciones de sitios. Recuerde mencionar distancias: "**a long distance from / near / in the same area**" (una larga distancia desde/cerca/en la misma área). Observe los mapas y trate de ubicar cuales instalaciones y edificios han sido "**replaced / relocated / built / constructed / demolished / knocked down / reduced or enlarged in size / extended**" (reemplazados / reubicados / construidos / demolidos / derrumbados / reducidos o ampliados).

Cuando compare planos (de edificios, sitios, etc.), usted deberá describir las posiciones de los lugares usando palabras tales como "**next to / in front of / at the back of / across (the hall) / down the corridor / upstairs / above / downstairs / opposite / on the ground / first / second floor**" (cerca a / delante de / atrás de / a lo largo (del pasillo) / por el corredor / arriba / encima / abajo / opuesto / en el suelo / primer / segundo piso). Será más fácil describir cuando algo está ubicado en relación con un punto de inicio: "**to the left of** the entrance / **directly opposite the** lobby / **across the hall from** the lift" (a la izquierda de la entrada / directamente opuesto al vestíbulo / a lo largo de la sala desde el ascensor).

¿Cómo comparar planos/mapas?

En el párrafo introductorio, usted deberá refrasear el encabezado de la actividad, usando sinónimos y luego escribir una frase sobre los cambios más notorios.

En los párrafos del cuerpo, usted deberá describir los cambios que hayan ocurrido (si un mapa describe el pasado y el otro, el presente) o los cambios que ocurrirán (si un mapa describe el presente y el otro, el futuro). Podrá ser necesario mencionar las ubicaciones iniciales de los edificios/de los árboles/de las estructuras/de las habitaciones/instalaciones primero, para así explicar luego cómo ellas han cambiado o podrían cambiar.

En el párrafo de la conclusión, sea breve y resuma los cambios principales en una frase.

Ejemplo

You should spend about 20 minutes on this task.

The map on the next page shows the changes to Lakeside Holiday Park following its redevelopment in 2014.

Summarize the information by selecting and reporting the main features and make comparisons where relevant.

You should write at least 150 words.

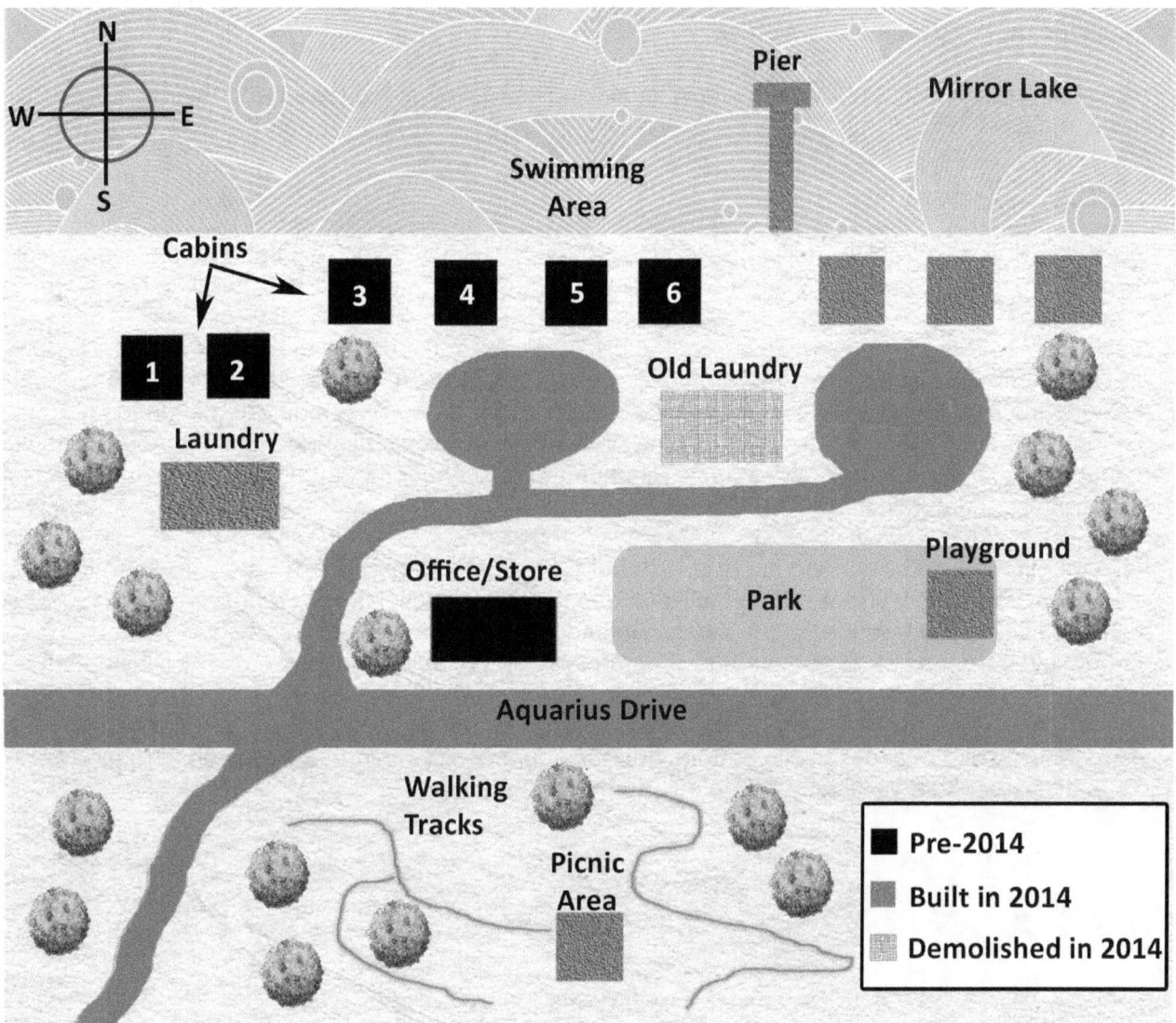

Sample answer

The map illustrates the transformation of Lakeside Holiday Village as a result of redevelopment. It is clear that more accommodation is now available and the range of tourist facilities has increased.

The map shows that three new cabins had been constructed in 2014 to the east of the previously existing six cabins along the beach. Children can play at a new playground that had been built on the east side of the park. A new picnic area to the south of Aquarius Drive had been added for village guests to relax in after some walking along the nature trails.

A pier had been constructed to the east of the swimming area, between the two groups of cabins, old and new. This facilitates boating and fishing in Mirror Lake. The old laundry building that was located between two car parks had been demolished and replaced with a new laundry in a more discreet location, behind Cabins #1 and #2.

Overall, the 2014 redevelopment allows more guests to stay at the resort and their holiday activities are now more varied.

Respuesta modelo

El mapa ilustra la transformación de la Villa Lakeside Holiday como resultado de su re-desarrollo. Es obvio que hay más cuartos disponibles y que el rango de la infraestructura turística han sido mejoradas.

El mapa muestra que se construyeron tres nuevas cabañas en 2014 al este de las 6 cabañas existentes a lo largo de la playa. Los niños pueden jugar en un nuevo parque de juegos que ha sido construido en el lado este del parque. Una nueva área de picnic al sur de la Calle Acuario ha sido añadida para que los huéspedes de la Villa puedan descansar luego de haber caminado a lo largo de los trayectos naturales.

Un muelle ha sido construido hacia el este del área donde se practica la natación, entre los dos grupos de cabañas viejas y nuevas. Esto facilita el uso de botes y actividades de pesca en el Lago Espejo. El viejo edificio de la lavandería que estaba ubicado entre los dos estacionamientos de carros fue demolido y reemplazado por una nueva lavandería en un lugar más discreto, entre las cabañas #1 y #2.

En general, el nuevo desarrollo permite que más huéspedes puedan alojarse en el resort, y que ahora sus actividades de vacaciones sean mucho más variadas.

¡Practicar, practicar, practicar!

Creo que practicar la escritura es vital. Use los siguientes temas para practicar escribir reportes tanto como le sea posible. Esto le ayudará a entender mejor cómo **agrupar** la información en caso que deba hacerlo – por ejemplo cuando se le suministre a usted una tabla o 2 gráficos.

Para ver algunas de las respuestas modelos, visite el siguiente sitio web:

http://www.ielts-blog.com/ielts-writing-samples-essays-letters-reports/

Actividades de gráfico de línea sencilla (Single line graph tasks)

Practice task 1.

You should spend about 20 minutes on this task.

The graph on the right describes rainfall statistics for Somecountry.

Write a report for a university lecturer describing the information shown.

You should write at least 150 words.

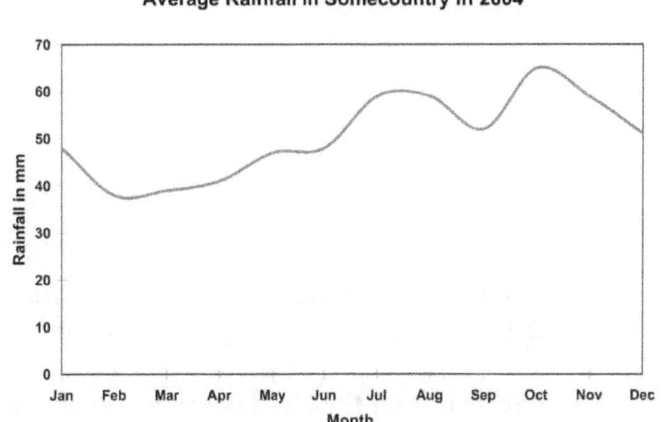

Practice task 2.

You should spend about 20 minutes on this task.

The graph on the right gives information on wages of Somecountry over a ten-year period.

Write a report for a university lecturer describing the information shown.

You should write at least 150 words.

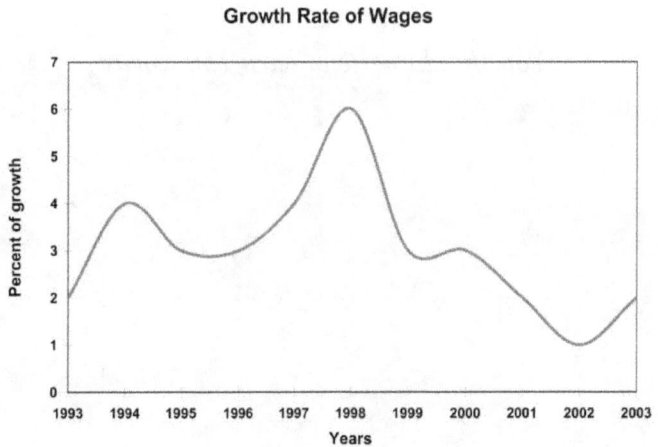

Actividades de gráfico de línea doble (Double line graph tasks)

Practice task 1.

You should spend about 20 minutes on this task.

The graph on the right shows how prices of "high-tech gadgets" changed over time in Somecountry.

Write a report for a university lecturer describing the information shown.

You should write at least 150 words.

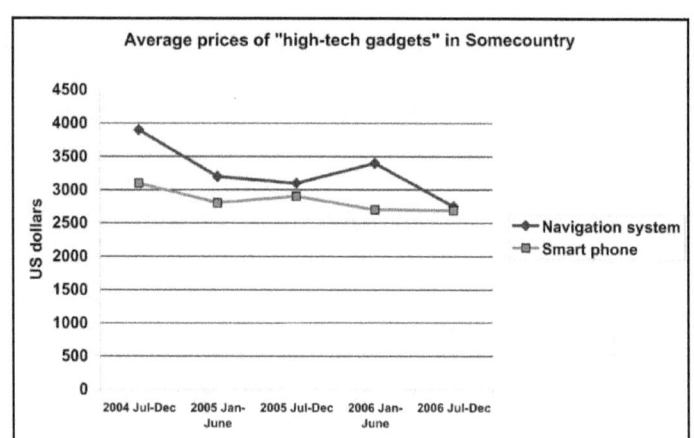

Practice task 2.

You should spend about 20 minutes on this task.

The graph on the right describes average house prices in Sometown in 2005.

Write a report for a university lecturer describing the information shown.

You should write at least 150 words.

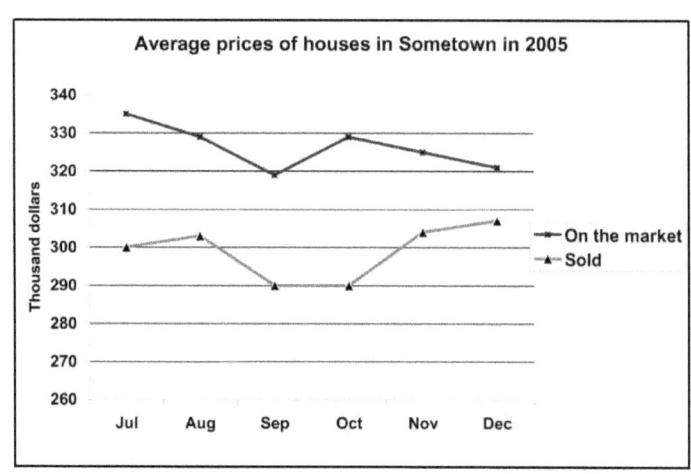

Módulo Académico IELTS – Cómo Maximizar Su Puntuación

Actividades de gráfico de barras (Bar graph tasks)

Practice task 1.

You should spend about 20 minutes on this task.

The graph on the right shows the way people of Somecountry invested their money during the years 2001 – 2006.

Write a report for a university lecturer describing the information shown.

You should write at least 150 words.

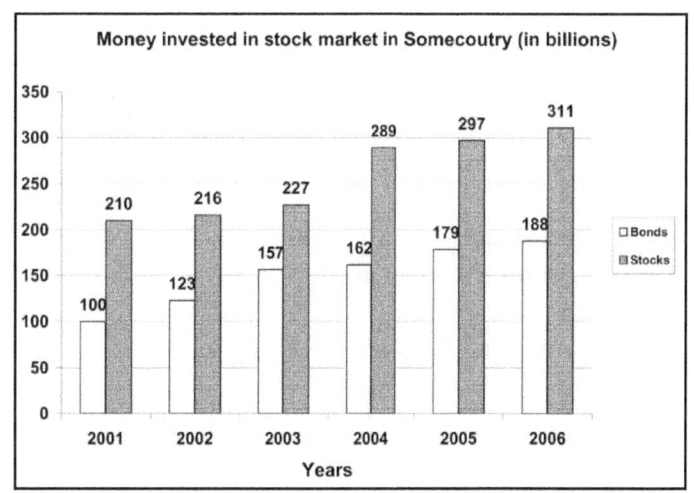

Practice task 2.

You should spend about 20 minutes on this task.

The graph on the right shows annual water usage (in millions of cubic meters) by industry in Somecountry.

Write a report for a university lecturer describing the information shown.

You should write at least 150 words.

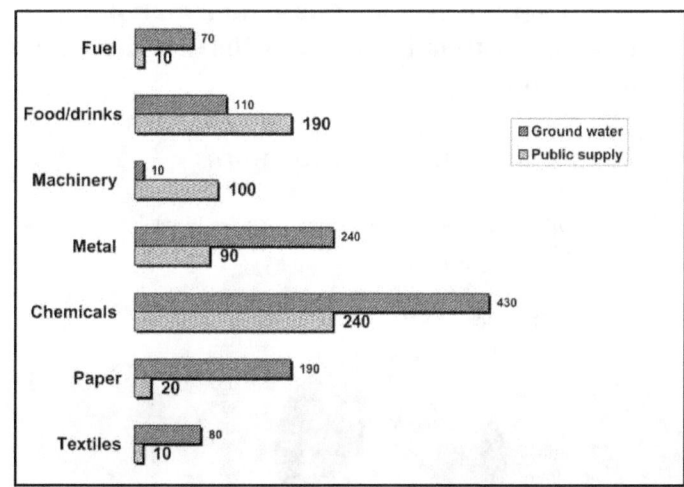

Actividades de gráfico de torta (Pie chart task)

You should spend about 20 minutes on this task.

The chart on the right describes results of a public opinion poll, where people were asked to name the most important place smoking should be banned from.

Write a report for a university lecturer describing the information shown.

You should write at least 150 words.

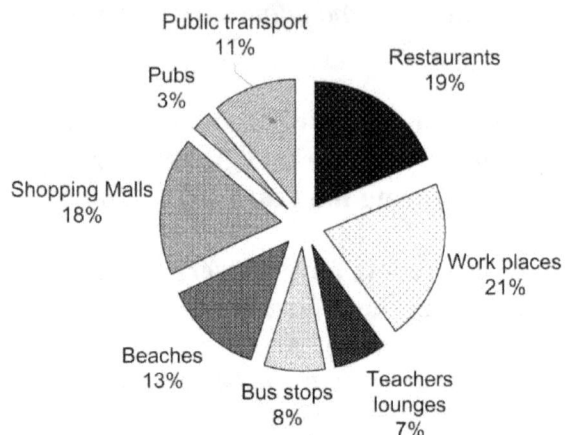

Actividad de pregunta combinada de gráfico de torta / barras (Pie chart/bar graph mixed task)

You should spend about 20 minutes on this task.

The diagrams below contain information regarding percentages of people occupied in various types of position in 1999 and 2001. Write a report for a university lecturer describing the information shown.

You should write at least 150 words.

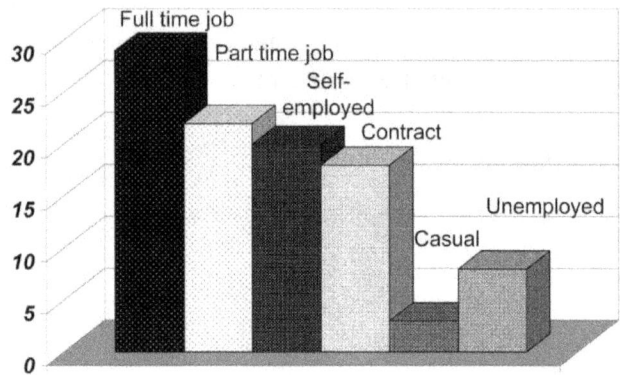

Actividades de reportes de tablas (Table tasks)

Practice task 1.

You should spend about 20 minutes on this task.

The table below describes the percentages of home-schooled students in SomeCountry in 1999–2004. Write a report for a university lecturer describing the information shown.

You should write at least 150 words.

Grade/Year	1999	2000	2001	2002	2003	2004
Kindergarten	2.4	2.5	2.6	2.7	2.7	2.9
Grades 1- 2	1.5	1.2	1.3	1.5	1.8	2.1
Grades 3- 4	1.6	1.7	1.8	1.9	2.1	2.2
Grades 5- 6	1.5	1.3	1.3	1.6	2.1	2.6
Grades 7- 8	1.6	1.6	1.6	2.2	2.4	2.5

Practice task 2.

You should spend about 20 minutes on this task.

The table below describes the number of students studying foreign languages in SomeCountry in 2000–2005. Write a report for a university lecturer describing the information shown.

You should write at least 150 words.

Grade/Year	2000	2001	2002	2003	2004	2005
German	1811	1678	1717	1563	1325	1121
French	896	791	723	699	711	687
Spanish	1889	1987	2131	2278	2390	2453
Russian	20	25	27	24	30	26
Japanese	32	34	31	33	32	35

Actividad de diagrama de flujo (Process diagram task)

You should spend about 20 minutes on this task.

The flowchart below explains how laundry is handled. Using information from the flowchart describe the laundry process.

You should write at least 150 words.

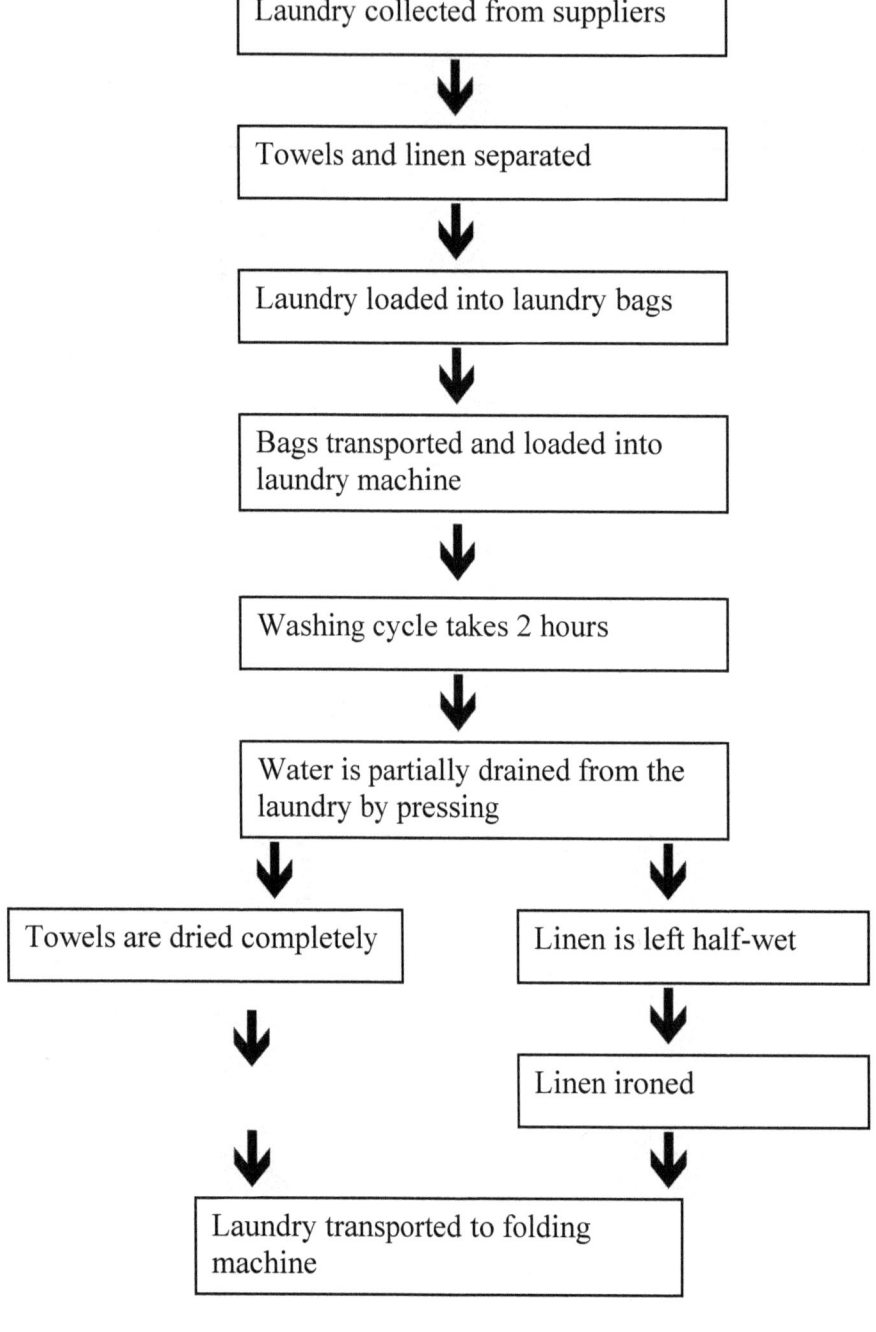

Plano / mapa (Plan / map task)

You should spend about 20 minutes on this task.

The diagrams below show the current ground floor plan of a museum and the proposed changes to its layout. Summarize the information by selecting and reporting the main features, and make comparisons where relevant.

You should write at least 150 words.

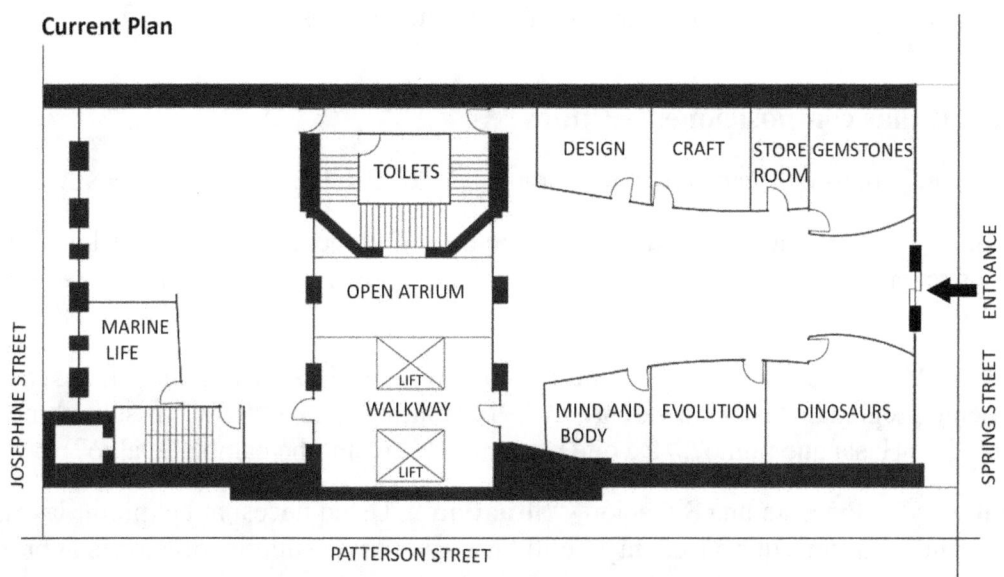

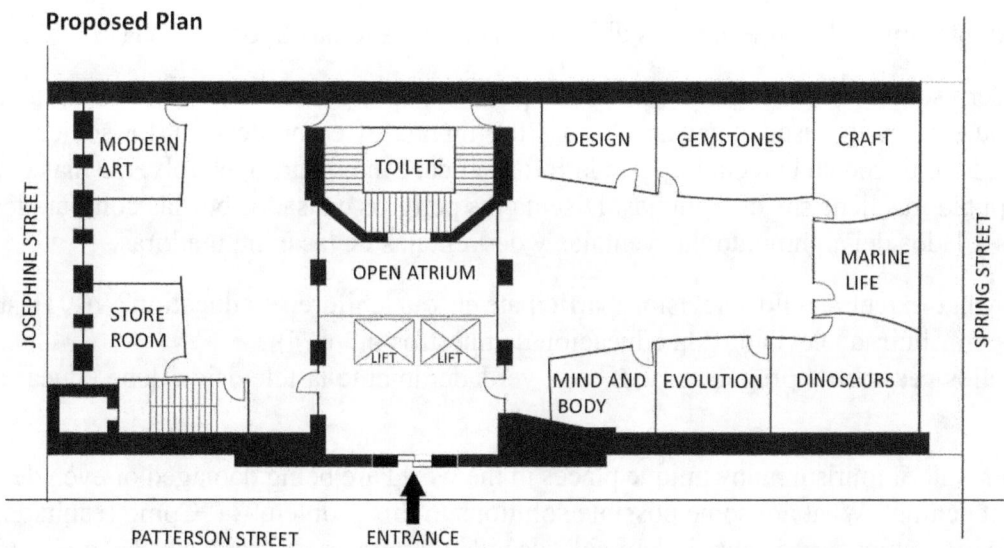

Consejos para la parte 2 del examen escrito – La composición (Writing Task 2)

Usted no tiene que ser escritor para escribir una buena composición. Esta tarea puede parecer más difícil que el reporte, pero es solamente una primera impresión. Sólo siga las reglas, mantenga la estructura correcta, use algunas palabras "inteligentes" y practique un poco. De esta manera, usted podrá alcanzar fácilmente un nivel el cual, sin importar el tema que le den, luego de 40 minutos podrá presentar una excelente composición de 2 páginas.

Estructura

Cada composición deberá tener esta estructura: **introducción**, **cuerpo** y **conclusión**.
Será muy importante que siga esta estructura ya que su puntuación se verá afectada por ello.
La introducción generalmente lleva un párrafo, el cuerpo: dos o tres párrafos y la conclusión, un párrafo.

Tópicos para las composiciones – 3 tipos

Hay solamente 3 tipos de tópicos para las composiciones IELTS. Les llamaremos **A**, **H** y **S**.

Tema Tipo "A" – Presenta un Argumento ("**Argument**") y necesitará explorar los pros y los contras, las razones a favor y en contra. Deberá decidir apoyar solamente un solo lado del argumento.

Tema Tipo "H" – Presenta un Argumento Escondido ("**Hidden argument**"). Estos temas generalmente preguntan "To what extent …?", "In what way…?", "How has something changed…?" (¿Hasta qué punto?, ¿De qué manera….?, ¿Cómo ha cambiado algo?)

Tema Tipo "S" – Presenta una Situación ("**Situation**"). Usted necesitará explorar las **razones**, que está sucediendo y asumir que sucederá en el futuro, además de sugerir soluciones al problema, si fuese necesario.

Los siguientes **ejemplos** muestran las diferencias entre los temas tipos "A", "H" o "S":

A: "Modern society benefits greatly from computer technology. However, becoming more dependent on computers has its disadvantages. Discuss the threats of computers." ("La sociedad moderna se beneficia muchísimo de la tecnología de la informática. Sin embargo, el volverse más dependiente de las computadoras tiene sus desventajas. Discuta los peligros causados por las computadoras")
Aquí los 2 lados del argumento: las ventajas y desventajas de las computadoras.

H: "To what extent should television participate in our children's education?" ("¿Hasta qué punto debería contribuir la televisión a la educación de nuestros niños?")
Lo que ellos **realmente** preguntan aquí es si verdaderamente la televisión debe educar a los niños o no.

S: "As a result of tourism many unique places in the world are being damaged or even destroyed. Why is this happening? What are some possible solutions to this problem?" ("Como resultado del turismo, muchos sitios únicos en el mundo han sido dañados e incluso destruidos. ¿Por qué está sucediendo esto? ¿Cuáles son las posibles soluciones a este problema?")
Aquí puede ver la descripción de una situación. Tendrá que escribir su opinión al respect

Composición de Tipo A (Argumento)

1. **El párrafo de la introducción** deberá mencionar claramente ambos lados del argumento. No copie simplemente el tópico mostrado en las instrucciones. En lugar de ello, escríbalo en **otras palabras**. No deberá dar su opinión aquí, sino reservarla para más tarde.

2. **Los párrafos del cuerpo** (deberán ser al menos 2) deberán referirse a cada lado del argumento. Escriba el primer párrafo sobre el lado con el cual está en desacuerdo. El lado con el cual está en acuerdo deberá estar en el **último** cuerpo del párrafo. Esto lo llevará naturalmente a la conclusión.

3. **El párrafo de la conclusión** deberá contener un sumario de los puntos que habrá incluido. No importa si el párrafo es corto, ya que lo importante será que haya mantenido la estructura de la composición.

Composición de Tipo H (Argumento Escondido)

1. **El párrafo de la introducción** deberá definir la pregunta. Usted necesitará revelar el argumento escondido. Escriba nuevamente el tema, para que pueda decir lo que **realmente** significa:
   desde "¿Hasta qué punto algo afecta?" **a** ¿Afecta algo?",
   desde " ¿De qué manera algo contribuye?" **a** "¿Cómo contribuye algo a….?"
   desde "¿Cómo algo influencia?" **a** "¿Cómo una cosa influencia a…?"
   Ahora será un argumento de dos lados y podrá escribir un reporte tipo "**A**".

Composición de Tipo S (Situación)

1. **En el párrafo de la introducción** deberá mencionar la situación y explicarla. No incluya su opinión aquí.

2. **Los párrafos del cuerpo** (por lo menos 2) deberán describir las razones que llevaron a la situación actual. Cada párrafo deberá ser sobre una sola razón.

3. **El párrafo de la conclusión** deberá resumir los puntos principales de la composición. Si la actividad pide una solución a un problema: recomendar, dar consejos. Este será el lugar para ello. Si se requiere su opinión – usted deberá también incluirla en el párrafo de la conclusión.

Sugerencias Generales

- Escriba directamente acerca del tema suministrado, no se dirija a otro tema.

- Escriba en general, no sobre sus experiencias personales. En lugar de ello, escriba acerca de lo que pasa en el mundo, por ejemplo.

- Lea las instrucciones del enunciado y escriba sobre cada detalle requerido. Si el enunciado requiere incluir una solución – hágalo.
  No olvide dar recomendaciones o consejos, si se le ha requerido hacerlo.

Escriba la composición paso a paso

Luego de haber leído todo lo anterior, usted todavía no tendrá idea de cómo deberá comenzar a escribir. Así que hagámoslo juntos:

Paso 1

Lea y clasifique la pregunta. Usted necesitará decidir qué tipo de tema es, si es del tipo "A", "H" o "S". Esto determinará la manera sobre como planear su composición.

Ejemplo:

"Home schooling belongs to the past and is unacceptable in modern society. To what extent do you agree or disagree with this statement?
Use your own knowledge and experience and support your arguments with examples and relevant evidence"

("La escolaridad en el hogar pertenece al pasado y por lo tanto es inaceptable en la sociedad moderna. ¿Hasta qué punto está usted de acuerdo o en desacuerdo con esta afirmación? Use su propio conocimiento y experiencia. Justifique sus argumentos con ejemplos y evidencias pertinentes.")

Podemos ver claramente un argumento "Escondido" aquí, revelando el verdadero significado del tema: "La escolaridad en el hogar aceptada en la sociedad moderna". De esta manera, se convierte en un tema "A" con dos lados – a favor y en contra de la escolaridad en el hogar.

Paso 2

Aquí necesitará crear ideas y opiniones sobre el tema. La mejor manera de hacerlo será pensar sobre algunas ideas *principales* y luego escribir todo lo que pueda pensar sobre dichas ideas. En caso de que esté escribiendo sobre una composición tipo "A" o "H", usted necesitará pensar sobre las razones que han llevado a la situación a ser como es.

Ejemplo:

Digamos que luego de haber analizado el tema, usted llega a tener las siguientes ideas y su opinión es **contra** la escolaridad en el hogar:

A Favor	En Contra
parents know their children (los padres conocen a sus hijos)	no scientific approach such as associative learning (no hay enfoque científico como en la enseñanza asociativa)
learning is more enjoyable (el aprendizaje es más agradable)	not every parent is capable (no todos los padres son capaces)
children feel safe (los niños se sienten seguros)	parents forgot the material (los padres olvidan el material)

Ahora deberá pensar sobre que va a incluir en su composición. En el mismo papel donde ha escrito las ideas, agrúpelas y decida en que párrafo describirá cada idea. Si el tema es un argumento (tipo A), recuerde incluir primeramente el lado con el cual está en desacuerdo y segundamente el lado con el cual está de acuerdo. Piense como podrá pasar de un párrafo al otro. Deberá haber una frase conectora que lo dirija hacia el punto del siguiente párrafo.

Ejemplo:

Parents know their children	1er cuerpo del párrafo	lado que ud. está en desacuerdo
Learning is more enjoyable	1er cuerpo del párrafo	
Children feel safe	1er cuerpo del párrafo	
no scientific approach	2do cuerpo del párrafo	lado que ud. está de acuerdo
associative learning	2do cuerpo del párrafo	
not every parent is capable	3er cuerpo del párrafo	lado que ud. está de acuerdo

Paso 3

Es hora de escribir las respuestas. De acuerdo al plan que usted ha realizado, comience a escribir la composición. La primera frase de la introducción brinda la idea principal de la composición, ya sea presentando los puntos del argumento o describiendo una situación. La última frase de la introducción deberá conducir naturalmente al primer párrafo de la estructura del cuerpo. Recuerde mantener la estructura del párrafo y conectar los párrafos para que uno lleve al otro.

¡Importante! Trate de iniciar los párrafos del cuerpo con una palabra conectora. Ejemplo: However, Therefore, Moreover, Nevertheless (puesto que, sin embargo, por lo tanto, es más, no obstante). Esto elevará su puntuación.

Ejemplo:

Esta es una composición escrita de acuerdo a las ideas que usted ha logrado recopilar. Las ideas están en letra cursiva para un mejor entendimiento.

Everything has two sides and home schooling is not an exception. In the past it seemed like the most natural way of educating children, but today many people criticize it.

We must acknowledge that **parents know their children best**. *That gives them a good chance of knowing how to make their child understand certain concepts. Using their child's interests, parents can make the process of* **learning more enjoyable** *and effective. In addition, being at home makes a* **child feel safe**, *which contributes to his ability to concentrate on studying.*

Nevertheless, many people believe that teaching should be done by professionals.
There are many proven **scientific approaches** *that produce good results and without those techniques, parents who teach their kids at home have no chance of success.* **Associative learning** *is a good example of such a technique. Showing the child images while learning the alphabet (apple for "a", boy for "b") makes him or her remember the letters faster and easier.*

In addition, **not every parent is capable** *of teaching his or her child at home because the blind cannot lead the blind. Parents cannot teach children something they don't know themselves, and let's face it – not all of us have a profound knowledge of history or geography even on a school textbook level. Eventually, even those mums and dads who succeeded at school could* **forget material** *with the passage of time.*

In conclusion, I have more trust in the abilities and experience of professional teachers than I do in my own.

Y finalmente – **lea la composición cuidadosamente desde el principio y corrija los errores.**

En español

Aunque la escolaridad en el hogar pareció ser la manera más natural de educar a los niños en el pasado, actualmente muchas personas la critican.

Debemos reconocer que los padres conocen mejor a sus hijos. Esto les proporciona una buena oportunidad de lograr que su hijo/a pueda entender ciertos conceptos. Usando el interés de su hijo/hija, los padres pueden hacer el proceso del aprendizaje mucho más divertido y efectivo. Además, el estar en el hogar hace que un niño se sienta seguro, lo cual contribuye a aumentar su habilidad para concentrarse en sus estudios.

Sin embargo, muchas personas creen que la educación deberá ser realizada por profesionales. Hay muchísimos enfoques científicos que producen buenos resultados. Los padres que enseñan a sus hijos en el hogar no tienen ninguna oportunidad de tener éxito. El aprendizaje asociativo es un buen ejemplo de esta técnica. Mostrarle al niño imágenes mientras aprende el alfabeto ("m" de manzana, "b" de bebé) hace que él/ella recuerde las letras más rápida y fácilmente.

Además, no todos los padres son capaces de enseñar a su hijo/a en el hogar porque un ciego no puede guiar a otro ciego. Los padres no pueden enseñarle a sus hijos lo que ellos no saben, y tengamos en cuenta – no todos nosotros tenemos un profundo conocimiento de historia o geografía a nivel de los textos escolares. Eventualmente, incluso esas madres y padres exitosos pudiesen haber olvidado mucha información fundamental con el paso del tiempo.

En conclusión, tengo más confianza en las habilidades y experiencias de los maestros profesionales que en las mismas propias.

¿40 minutos? ¡No son suficientes!

Prácticamente nadie termina sus primeras composiciones a tiempo. Por lo tanto, no se sienta decepcionado si le toma una hora o más. Primero, trate de acostumbrarse al proceso de los fundamentos básicos que expliqué anteriormente. Luego, después de un poco de práctica, podrá comenzar a escribir sus composiciones mucho más rápidamente. Finalmente podrá alcanzar su meta – una composición en 40 minutos. Deberá trabajar con un reloj en todo momento – esta es la única manera que usted podrá monitorear su progreso.

Frases útiles

Generalmente, las personas que no leen y escriben en inglés diariamente tienen problemas para expresarse en una composición. Por lo tanto, incluyo aquí una lista de frases para ayudarle a escribir frases más sofisticadas.

Frases para mostrar las dos caras de una discusión

- "Some people prefer …. Those who disagree point out that…" (Algunas personas prefieren….Quienes difieren indican que…)
- "We must acknowledge … Nevertheless," (Es importante mencionar que… Sin embargo,)
- "No one can deny … However, …" (Nadie puede negar que…. Sin embargo,…)
- "Many people hold the opinion… Others, however, disagree…" (Muchas personas son de la opinión que …Otros, sin embargo, están en desacuerdo…)
- "Although it is hard to compete with …, some people still prefer …" (Aún cuando es difícil de competir con…., algunas personas todavía prefieren…)

Frases para añadir un punto relacionado

- "Not only…, but…" (No solamente…, pero…)
- "Also" (También)
- "Furthermore," (Además,)
- "In addition," (Adicionalmente,)
- "Moreover," (Además,)

Frases para contrastar con lo que fue escrito anteriormente

- "Although…" (Aunque)
- "However, " (Sin embargo,)
- "Nevertheless, " (No obstante,)
- "Even if…" (Aun cuando)
- "In spite of" (A pesar de)
- "On the other hand" (Por otro lado)

Frases para dar ejemplos

- "For example," (Por ejemplo,)
- "For instance," (Por ejemplo,)
- "In particular," (Particularmente,)
- "…, such as" (…tal como)
- "To illustrate …" (Para ilustrar,…)

Frases para resultados

- "As a result," (Como resultado,)
- "Therefore," (Por lo tanto,)
- "Thus," (Por consiguiente,)
- "So," (Entonces,)
- "Eventually," (Finalmente,)

Frases para concluir

- "Lastly," (Por ultimo,)
- "Finally," (Finalmente,)
- "To conclude with," (Para concluir,)
- "In short," (En resumen,)
- "In conclusion," (En conclusion,)

¡Practicar, practicar, practicar!

Mi consejo es que usted practique realizando tantas composiciones como pueda. Su objetivo será escribir una composición de al menos 250 palabras en 40 minutos sobre cualquier tema. El tema no importa. Lo importante será que usted conozca y pueda implementar las técnicas que ha aprendido. La siguiente lista de temas podría contener el tema que encontrará en el examen IELTS. Practique tomando el tiempo y cuente el número de palabras.

Para ver algunas respuestas de los exámenes, visite el siguiente sitio web:
http://www.ielts-blog.com/ielts-writing-samples-essays-letters-reports/

Tema 1   *(Clave: Argumento)*

You should spend about 40 minutes on this task.

> **Even though globalization affects the world's economics in a very positive way, its negative side should not be forgotten. Discuss.**

You should write at least 250 words.

Tema 2 *(Clave: Argumento Escondido)*

You should spend about 40 minutes on this task.

Some people say that the education system is the only critical factor in the development of a country. To what extent do you agree or disagree with this statement?

You should write at least 250 words.

Tema 3 *(Clave: Argumento)*

You should spend about 40 minutes on this task.

Dieting can change a person's life for the better or ruin one's health completely. What is your opinion?

You should write at least 250 words.

Tema 4 *(Clave: Argumento Escondido)*

You should spend about 40 minutes on this task.

Education in financial management should be a mandatory component of the school program. To what extent do you agree or disagree with this statement?

You should write at least 250 words.

Tema 5 *(Clave: Argumento)*

You should spend about 40 minutes on this task.

The best way to reduce the number of traffic accidents is to raise the age limit for younger drivers and to lower the age limit for elderly ones. Do you agree?

You should write at least 250 words.

Tema 6 *(Clave: Situación)*

You should spend about 40 minutes on this task.

Obesity was once considered a disease of adults; however, it is becoming increasingly common among children. Why do you think this is happening? What can be done to help children stay healthy?

You should write at least 250 words.

Consejos para el examen oral

Finalmente, hemos llegado a la parte divertida del IELTS. Muchas personas concuerdan que el secreto del éxito del examen oral es que usted actué como una persona confiada y creativa. ¿Significa que los demás fallarán? ¡Nada de eso! Este examen es **PREDECIBLE**. Use los siguientes consejos para prepararse para lo que vendrá y obtendrá confianza.

¿Qué buscan ellos?

Si usted conoce qué es lo más importante para los examinadores del examen IELTS, mejorará sus probabilidades de éxito. Esto consejos se refieren a cada parte del examen oral. Aplíquelos y podrá satisfacer a su examinador.

- Hable sin pausas largas (cuando esté tratado de pensar sobre lo que dirá)

- Entienda qué es lo que el examinador le pregunta y confírmelo respondiendo correctamente.

- Demuestre cuantas palabras "inteligentes" usted sabe.

- Use todos los tiempos cuando hable – pasado, presente, futuro. Uselos correctamente.

- Pronuncie las palabras correctamente. Por ejemplo, la palabra "culture" deberá sonar como "kolcher" y no como "kultur".

- ¡Importante!. El acento no tiene nada que ver con la pronunciación, así que no afectará su puntuación.

¡Manténgalo simple!

Este consejo se refiere a todo el examen oral. ¡No comience con frases largas y complicadas si no sabe cómo terminarlas!.Mantenga sus frases simples y las palabras – entendibles. Si comete un error gramatical – estará bien que lo corrija, pero no lo exagere. Usted deberá sonar fluido.

Aun cuando oiga una pregunta, su mente automáticamente desarrollará una imagen con la respuesta. Usted podrá describir esta imagen en su propio idioma, pero cuando comience a describirla en inglés, de repente podría no contar con suficientes palabras en su vocabulario. Trate de pensar qué parte de la imagen **puede** describir y párese allí. No deje ver cuales son las palabras que no conoce al decir frases incompletas.

Entrevista (Part 1, Interview)

La primera parte de la prueba hablada es la entrevista. Usted entrará a la sala y verá al examinador, le dirá "Good morning! / Good afternoon!" y sonreirá. El o ella le pedirá ver su pasaporte y le invitará a sentarse. Si el/ella busca estrecharle la mano, hágalo. De lo contrario, no lo haga.

Su lenguaje corporal será importante aquí. Deberá mostrar que usted está relajado y confiado. Cuando esté hablando, trate de hacer contacto visual con el examinador tanto como le sea posible.

Durante la entrevista, el examinador le preguntará sobre usted, su trabajo, sus estudios, sus padres, hermanos/hermanas, mascotas, etc. Su respuesta a cada pregunta deberá constar de una o dos frases. Evite contestar solamente con "yes" o "no". Después de todo, es su inglés lo que ellos querrán oír.

Esta deberá ser una tarea fácil de preparar. Lea las siguientes preguntas y conteste cuidadosamente. Así usted podrá obtener una clara imagen de lo que sucederá.

Posibles preguntas y respuestas

1. **Where do you come from? (¿De dónde proviene?)**
   I live in Smallville. It is a big city /small town located in the south of NeverNeverLand. (Vivo en Smallville. Es una ciudad grande/pueblo pequeño ubicado al sur de "La Tierra de Nunca Jamás")

2. **What is your home like? (¿Cómo es su vivienda?)**
   I rent an apartment. We have two bedrooms, one living room, one kitchen and of course one restroom. The apartment is not very big, about 70 square meters. (Alquilo un apartamento. Tiene dos habitaciones, una sala, una cocina, y claro está, un cuarto de descanso. El apartamento no es muy grande. Tiene aproximadamente 70 metros cuadrados.)

3. **What do you like or dislike about your home? (¿Qué le gusta y qué no le gusta de su vivienda?)**
   The advantage is that my accommodation has lots of sunlight from the windows. And the disadvantage is that it is noisy because the centre of the city is nearby. (La ventaja es que mi apartamento recibe gran cantidad de sol por las ventanas y la desventaja es que es ruidoso porque el centro de la ciudad está cerca.)

4. **Tell me about your family. (Hable de su familia.)**
   I have a mother, a father and a brother. My mother is a social worker, my father is a civil engineer and my brother is a student. (Somos mis padres, mi hermano y yo. Mi madre es trabajadora social, mi padre es ingeniero civil y mi hermano es estudiante.)

5. **Tell me about your job. (Hable de su trabajo.)**
   Well, I work for a big firm /small company named BananaSoft. It is located in Smallville. My job title is Software Designer. (Normalmente, disfruto bastante mi trabajo. Pero algunas veces, mi jefe me asigna actividades muy aburridas, las cuales no me gustan del todo.)

6. **Is there anything you dislike about your job? (¿Hay algo que no le agrade sobre su trabajo?)**
   Normally, I enjoy my job very much. But sometimes my boss gives me boring assignments, which I don't like at all. (Quisiera mejorar mi inglés primero y luego conseguir otro trabajo con un mejor salario.)

7. **What are your plans for the future? (¿Cuáles son sus planes para el futuro?)**
   I would like to improve my English first and then find another job with a better salary. (Quisiera mejorar mi inglés primero y luego conseguir otro trabajo con un mejor salario.)

8. **What type of transport do you use most? (¿Qué tipo de transporte usa mayormente?)**
   There are 2 types of transport that I use: I either drive my car or take the bus. (Hay 2 tipos de transporte que uso: conduzco mi auto o tomo el autobús.)

9. **Do you like reading? (¿Le gusta leer?)**
   Yes I do. I enjoy reading very much. Usually, I read every other day of the week. (Sí, me gusta. Disfruto mucho leer. Generalmente leo día por medio durante la semana.)

10. **What do you most like to read? (¿Qué le gusta leer?)**
    I enjoy reading newspapers, magazines and of course my favorite fantasy books. (Me gusta leer periódicos, revistas y claro está, leer mis libros favoritos de ficción.)

11. **What kind of television programs do you watch? (¿Qué tipo de programas televisivos le gustan?)**
    Well, my favorite channel is Some TV Channel. I find it very interesting and educational. (Bueno, mi canal de televisión favorito es "Somme". Lo encuentro muy interesante y educativo.)

12. **Tell me about a film you have seen recently (Hábleme sobre una película que usted haya visto recientemente.)**
    I saw "Some New Movie" a week ago. It is a comedy and I like comedies. This one has some silly jokes but other than that I enjoyed it. (Vi una "Alguna Nueva Película" hace una semana. Es una comedia. Me gustan las comedias. Tenía unos chistes muy tontos pero, a pesar de todo, la disfruté.)

13. **Do you have a pet? (¿Tiene alguna mascota?)**
    Yes I do. I have a dog named Ricky. He is 4 years old. (Sí, tengo una. Tengo un perro llamado Ricky. Tiene 4 años.)

14. What kind of food do you like? (¿Qué tipo de comida prefiere?)
   I prefer Asian cooking, mostly Chinese. My favorite dish is noodles with vegetables. (Prefiero la cocina Asiática, principalmente la China. Mi plato favorito es pasta con vegetales.)

15. How often do you go shopping? (¿Con qué frecuencia va de compras?)
   Well, I don't like shopping, so I do it only when I have to. (Bueno, no me gusta ir de compras, así que solo lo hago cuando necesito hacerlo.)

16. What is your favorite festival and why? (¿Cuál es su festival favorito y por qué?)
   I like October Fest. It's a German festival that starts in late September and ends in October. People drink lots of beer at October Fest and that is why I like it. (Me gusta el "Oktoberfest". Es un festival alemán que comienza al final de septiembre y finaliza en octubre. Las personas toman mucha cerveza en Oktoberfest y por eso es que me gusta.)

17. How do people celebrate this festival? (¿Cómo celebran las personas este festival?)
   Well, they build pavilions and stands that sell beer and all kinds of food, a lot of bands are playing there. People from all around Europe come to celebrate the October Fest dressed in traditional, German clothes. (Bueno, ellos construyen pabellones y kioscos que venden cervezas y toda clase de comidas y muchas bandas tocan allí. Gente de todas partes de Europa viene a celebrar el "Oktoberfest" vestidos en trajes alemanes tradicionales.)

Conversación (Part 2, Speech)

Al terminar la entrevista, el examinador le entregará una tarjeta con 3 o 4 preguntas. Usualmente, la tarjeta le pedirá describir un lugar, un evento o una situación que ya haya experimentado. Usted tendrá 1 minuto para preparar una pequeña conversación en cual conteste todas las preguntas de la tarjeta. También recibirá una hoja de papel y un bolígrafo para que pueda escribir sus notas.

La conversación deberá tomar entre uno y dos minutos. Al final, el examinador podrá hacerle algunas preguntas adicionales.
La parte engañosa será saber cuándo han pasado los 2 minutos. Usted necesitará llegar a saber qué se siente hablar por 2 minutos. Mi sugerencia es practicar en casa con un reloj y grabarse mientras habla sobre un tema en particular. Usted puede usar un grabador MP3. De esta manera, podrá evaluar su propia conversación sin ayuda de otras personas.

Ejemplo

Tomemos la siguiente tarjeta y veamos qué tipo de conversación podrá dar:

Describe a journey you went on. You should include in your answer:	Describa un viaje que realizó. Deberá incluir en sus respuesta:
• Where you went on your journey • Why you went to this particular place • What did you do and with whom • Whether you enjoyed your journey or not and why	• ¿A dónde fue? • ¿Por qué fue a ese sitio en particular? • ¿Qué hizo y con quién fue? • Diga si disfrutó o no su viaje y por qué.

Possible answer:

> "I would like to tell you about a journey I went on a year ago. My wife and I took a trip to Holland.
>
> Both of us wanted to visit Amsterdam very much because we had seen pictures and heard stories from friends about how beautiful and wonderful it is. So finally we bought plane tickets, booked a hotel, packed our bags and our trip began.
>
> We spent a lot of time before our holiday researching all the interesting places to visit and all the sights to see. So we went to the Amstell Beer museum, took a romantic sunset cruise along the canals, drove to Volendam, a really pretty, small fishing village, and visited a cheese farm. Every evening we took long walks along the canals, stopping to rest in small gardens, which Amsterdam has a lot of. Street artists were performing everywhere and a lot of people came to watch.
>
> We enjoyed everything we did very much and especially being together in such a beautiful country. Having my wife by my side on this trip made it even more fun."

Posible respuesta:

> "Me gustaría hablarle sobre un viaje que hice hace un año. Mi esposa y yo viajamos a Holanda.
>
> Ambos queríamos visitar Amsterdam porque habíamos visto fotos y oído historias de amigos de lo bella y magnífica que es la cuidad. Así que finalmente compramos boletos aéreos, reservamos un hotel, empacamos e iniciamos nuestro viaje.
>
> Pasamos un buen tiempo planificando antes de iniciar nuestras vacaciones, investigando sobre todos los sitios interesantes que podíamos visitar y sobre todo lo que podíamos ver. Así que fuimos al museo "Amstel Beer", tomamos un romántico crucero al final de la tarde para ver la puesta del sol a lo largo de los canales, manejamos a Volendam, un verdadero bonito pequeño pueblo de pescadores y visitamos una granja quesera. Todas las noches, tomábamos largas caminatas a lo largo de los canales, parábamos a descansar en pequeños jardines, de los cuales Amsterdam tiene muchos. Artistas callejeros actuaban en todas partes y muchas personas venían a verlos.
>
> Disfrutamos mucho todo lo que hicimos, y especialmente el estar juntos en tan precioso país. El tener a mi esposa a mi lado en este viaje hizo que fuese mucho más divertido".

Módulo Académico IELTS – Cómo Maximizar Su Puntuación

Practicar, practicar, practicar

He incluido aquí, una selección de tarjetas para que practique. Escoja una tarjeta, prepárela por 1 minuto, escribiendo en ella los puntos sobre los cuales querrá hablar. Cuando comience a hablar, trate de no meterse en problemas – no use palabras si no sabe qué significan, ni use frases largas y complicadas que lo podrán llevar a que se pierda en las palabras. Trate de hablar sencillamente y trate que lo que diga suene interesante.

Describe a book that has had a major influence on you. You should include in your answer: • What the book's title is and who wrote it • How you first heard of it • What the book is about • Why it has played such an important role in your life	Describa un libro que haya tenido una gran influencia en usted. Usted deberá incluir en su respuesta: • ¿Cuál es el título del libro y quién lo escribió? • ¿Cómo oyó acerca de él? • ¿De qué trata el libro? • ¿Por qué ha sido tan importante en su vida?
Describe your favorite restaurant. You should include in your answer: • Where it is located in the city • What it looks like inside and outside • What kind of food is served there • What makes this restaurant so special to you and others	Describa su restaurante favorito. Usted deberá incluir en su respuesta: • ¿Dónde está ubicado? • ¿Cómo se ve por afuera y por adentro? • ¿Qué tipo de comida sirven en él? • ¿Qué hace tan especial ese restaurante para usted y para otros?
Describe a museum you visited. You should mention in your answer: • Where this museum is situated • Why people visit the museum • What it looked like • Why you liked this museum	Describa un museo que haya visitado. Usted deberá mencionar en su respuesta: • ¿En dónde está localizado este museo? • ¿Por qué las personas visitan este museo? • ¿Cómo es este museo? • ¿Por qué le gusta este museo?
Describe a conflict you once had at work. You should mention in your answer: • The nature of the conflict • Why the conflict occurred • What you felt at the time of the conflict • What you had to do to resolve it	Describa un conflicto que haya tenido alguna vez en su trabajo. Usted deberá mencionar en su respuesta: • La naturaleza del conflicto • ¿Por qué ocurrió el conflicto? • ¿Qué sintió al momento del conflicto? • ¿Qué tuvo que hacer para resolverlo?

Discusión (Part 3, Discussion)

En la tercera parte del examen usted tendrá una discusión con el examinador. El tema estará algo relacionado con la sección dos, pero sus ideas serán algo más abstractas. Su trabajo será expresar y justificar una opinión. Se le llama una discusión, pero en realidad *será usted quien hará la mayoría de la conversación.*

Para darle una idea de cómo será, aquí puede observar una tarjeta que posiblemente podría recibir en la parte 2 del examen oral:

Describe a good friend of yours. You should say • Where and when you met • What you do together • What you like about him/her, and • Why she/he is a good friend of yours	Describa a un buen amigo suyo. Usted deberá decir: • ¿Cómo y cuándo se conocieron? • ¿Qué hacen ustedes juntos? • ¿Qué le gusta a usted de él/ella? • ¿Por qué ella/él es tan buen amigo suyo?

Luego, en la tercera parte del examen oral, el examinador podría hacerle este tipo de preguntas:

- What sort of person would you not be able to have as a good friend? (¿Qué tipo de persona no pudiera tener como un buen amigo?)
- What do you value and not value in people? (¿Qué valora o no valora en las personas?)
- Can people, opposite in personality, be good friends? (¿Pueden las personas de personalidades opuestas, ser buenos/buenas amigos/amigas?)
- What do children think about friendship? What about adults? Compare them. (¿Qué piensan los niños/niñas sobre la amistad? ¿Qué hay de los adultos? Compárelos)
- What do you think of friendship formed through the internet? What good and bad aspects does it have? (¿Qué piensa de la amistad que se forma a través del internet? ¿Qué aspectos buenos y malos tiene este tipo de amistad?)

¡Opine!

Ahora que tiene la idea, ¿cómo se preparará para este tipo de pregunta?
Bueno, necesitará tener opiniones sobre una amplia variedad de temas.

Incluyo aquí una lista de algunos de los temas más comunes para que pueda pensar sobre ellos. Sólo repáselos y piense sobre lo que tendrá que decir sobre dichos temas y piense qué palabras deberá usar. Luego grábese diciendo un número de frases sobre cada uno de los temas y escuche la grabación. Piense si podría haberlo hecho mejor. Esto deberá prepararlo para la parte de la discusión.

Usted puede ver los últimos temas de exámenes reales IELTS en el siguiente sitio web: http://www.ielts-blog.com/category/recent-ielts-exams

Temas Generales

- The main industry in your country now, how it will develop in the future.
- Effects of pollution on ecology.
- Popular forms of transport in your country.
- How to improve public transport.
- How your country has been improved.
- The city you are living in, its advantages and disadvantages.
- Your country's weather, main seasons.
- Your country's animals, in what ways they are used.
- A piece of equipment that you consider very important, why, how you started to use it.
- Computers – their advantages and disadvantages, whether people of different sexes and ages use them more or less.
- Food in restaurants, why and when we eat there, what are the pros and cons of eating in a restaurant.
- Celebrities in your country.
- Idols – who chooses them, who copies them, etc.
- A favorite holiday in your country.

About yourself

- How do you like spending your time?
- Favorite movies (films), do you watch them on TV or in cinema.
- Would you like to act in movies? Why not?
- Where you like to spend your vacation.
- Study or work, where, what do you like most about your job, what do you dislike about your job?
- Your future plans.
- Your hobbies.
- Do you think free time is important and why?
- What did you study at university?
- Which subject is your favorite?
- Which subject don't you like?
- What do you want to do in the future?
- Your favorite food.
- The greatest success in your life.
- Design of your apartment, likes, dislikes, why?
- The room you like most, what you do there most, what it looks like.
- Your favorite sportsmen.
- Favorite TV program.
- Most interesting time in your life.

Things that were important in your life

- An important song.
- An important book – what was it about, how did it influence you?
- A doll or some other toy, who gave it to you, on what occasion, what did you do with it?

Friends

- Who is your best friend?
- Where and when did you meet?
- What do you like the best about him/her?
- What have you done together? Explain the reasons why you have a strong friendship.
- What do children think about friendship? What about adults? Compare them.
- What sort of person would you not be able to have as a good friend?
- Can people, opposite in personality, be good friends?
- What do you value and not value in people?
- Friendship through the Internet, good and bad sides

Household

- Who does the shopping?
- Where do you like to shop and when?
- What do you shop for?
- Who does the housework, which work is the most important, why?

Traveling

- How can a visitor travel in my country?
- How did your grandparents travel in the past?
- Will the travel method change in the future?
- Traveling in a group compared with traveling on your own.
- What kinds of holidays exist?
- Where people prefer to go on vacation.
- Developments that have a positive effect on the growth of tourism.

Toys

- Why boys and girls chose different toys.
- Why toys are good for kids.
- Negative influence of toys, educational side of toys.

Music

- What kind of music do you like?
- Why we should teach music to our kids.

¿Qué sucede si….?

Puede suceder que el examinador le haga una pregunta sobre la cual usted no tendrá idea de lo que él/ella está hablando. ¡No entre en pánico! Solamente diga:

- I am not sure what you mean, could you be more specific? (No estoy seguro/a que quiere decir, ¿podría ser más específico/a?)
- Could you repeat the question, please? (¿Puede repetir la pregunta, por favor?)

Si no tiene una respuesta lista y está tratando de lograr obtener algo de tiempo extra, diga:

- Well, I've never thought about that, but I would say that… (Bueno, nunca he pensado en ello, pero pudiera decir que…)
- Well, it is not a simple question. (Bueno, no es una pregunta sencilla.)

Si el examinador le pide su opinión, usted podría comenzar diciendo:

- In my opinion… (En mi opinion…)
- I think that…(Yo creo que…)
- Well, if you ask me, …(Bueno, si usted me pregunta…)
- When it comes to me, I … (Cuando se trata de mí, yo…)

Usted probablemente tendrá que hablar en presente, pasado y futuro. Cuando se le pida hablar sobre el futuro, diga:

- I am sure that [something will/won't happen] (Estoy seguro/a que [algo sucederá/algo no sucederá])
- It is likely/unlikely that [some event will / won't occur] (Parece posible/no parece posible que [algún evento podrá/no podrá suceder])

Deje una buena impresión

¡¡¡FINALMENTE!!! Cuando abandone la sala luego de la entrevista, mire al examinador a los ojos y simplemente dígale: *"Thank you for your time. Good bye"* (¡Gracias por su tiempo. Adiós!)

Consejos de último minute

Examen de comprensión auditiva
- Lea las instrucciones.
- Adivine qué es lo que falta: si es una palabra, un sitio, un nombre, un número,etc.
- Divida las preguntas en grupos.
- Escuche los detalles.
- Cualquier cosa dicha en voz alta y clara puede ser una respuesta. Si es susurrada – no será una respuesta.
- Repetición y dictado – respuesta.
- Selección múltiple – Use el método de T/F/NG para eliminar todas las opciones menos una.
- Llenado de espacios en blanco – Observe alrededor de los espacios en blanco para las posibles respuestas (gramática incorrecta = respuesta incorrecta).
- Trampas: cambios de opinión, generalizaciones.
- Copie las respuestas: solamente la letra, no el circulo. Solamente la respuesta, no toda la frase.

Examen de comprensión lectora
- Lea las instrucciones.
- Maneje su tiempo sabiamente.
- Haga un mapa.
- Conteste las preguntas fáciles primero – las complicadas, después.
- Busque las palabras principales.
- Títulos iguales – Utilizar el mapa.
- T/F/NG: Claramente afirmado = True
  Opuesto a lo dicho   = False
  Lo que no se incluye = Not Given
- Selección múltiple – use el método de T/F/NG para eliminar todas las opciones, menos una.
- Llenado de espacios en blanco – usar el mapa para ubicar dónde se esconde la respuesta.
- ¡No asuma!
- ¿Tiene tiempo todavía? – Revise sus respuestas.

Examen oral

Entrevista: Siéntase confiado/a y relajado/a.
  Mantenga contacto visual con el examinador.
  Conteste cada pregunta con 2 frases, por lo menos.

Conversación: Escriba todos los puntos principales.
  Hable sencillamente – no use palabras grandes si usted no está seguro/a que sabe usarlas.
  Haga que sus respuestas suenen interesantes.

Discusión: Tenga una opinión sobre todo.
  Cualquier opinión es aceptada (no hay opiniones "buenas" o "malas").
  Al final, dígale "thank you" al examinador.

Examen escrito: Reportes (Writing Task 1, Report)

Gráfico de línea sencilla

- Introducción: "The graph describes/shows/reveals … (¿qué?, ¿quién?, ¿dónde?, ¿en dónde?). It can be clearly seen that …(describa las tendencias principales)."
- ¡No copie las frases del enunciado!
- Observe las características distintivas y descríbalas. Escriba sobre los períodos de tiempo y sobre todos los puntos en el gráfico. Nunca use viñetas.
- Describa las tendencias: rises (increases, climbs, goes up), falls (decreases, declines, drops, goes down, doesn't change (remains at the same level, maintains stability), peak, lowest point, velocidad de cambio: fast (rapidly, quickly) or slowly (gradually, steadily), ordene: rise was preceded by drop and followed by decline
- Marco referencial de tiempo y tiempo verbal apropiado.
  Sucedió en el pasado ("Books sold in 2001") = use pasado simple (past simple).
  Continuó en el pasado ("The way people were spending money on apparel between 1999 and 2003") = use pasado continuo (past continuous).
  Ocurre en el presente ("Recent unemployment figures") = use el presente simple o el presente continuo (present simple or present continuous).

Gráfico de línea doble

- Introducción: "The graph compares … (¿qué?, ¿quién?, ¿dónde?, ¿en dónde?).
  It can be clearly seen that … (describa las tendencias principales de los 2 gráficos presentados)."
- Describa el primer gráfico, escriba "similarly" si el segundo es igual o "in contrast" si es diferente, luego describa el otro gráfico. Escriba sobre todos los períodos de tiempo y sobre todos los temas del gráfico. Compare los puntos más altos y los puntos más bajos de los 2 gráficos.

Gráficos de barras

- Introducción: Para los gráficos de barra sencilla:"The graph describes/shows/reveals… (¿qué?, ¿quién?, ¿dónde?, ¿en dónde?). It can be clearly seen that … (describa las tendencias principales)."
  Para gráficos de barras múltiples: "The graph compares …(¿qué?, ¿quién?, ¿dónde?, ¿en dónde?). It can be clearly seen that … (describa las tendencias principales aquí)."
- Si el eje de barra es referente a una escala de tiempo – describa cómo el sujeto del tiempo cambia en el tiempo. De lo contrario, compare las barras – "more, less, most, least", etc., por orden de aparición. Nunca use viñetas.

Tablas

- Introducción: "The table compares/describes/shows/reveals … (¿qué?, ¿quién?, ¿dónde?, ¿en dónde?). It can be clearly seen that …(describa la tendencia más notable)."
- Agrupe la información y describa grupos de categorías. Agrupe las categorías con patrones similares.

Gráficos de torta
- Introducción: "The pie chart(s) compare(s)... (¿qué?, ¿quién?, ¿dónde?, ¿en dónde?). It can be clearly seen that ...(describa la característica más notable)."

- Describa y compare las piezas una por una, por ejemplo:
"Twice (three times) as many Xs were used as Ys".
"X is much more (or considerably less) common than Y"

- Vocabulario:
highest (significant, lowest) percentage,
greatest (smallest) proportion,
lowest number,
most (least) popular (common)

Gráfico que describen un proceso / diagrama de flujo

- Introducción: "The flow chart/diagram describes/reveals the procedures of/for..."

- Describa *cada* etapa del proceso.

- Conecte las etapas conectando las palabras: firstly (secondly, thirdly), to begin with, then, after that, in addition, otherwise, at the same time (concurrently, simultaneously), finally.

- Marco referencial de tiempo y tiempo verbal correcto:
Use el presente simple pasivo (present simple passive): "the letter is written" or "the research is conducted".

- No se necesita un párrafo de conclusión.

Examen escrito: Composiciones. (Writing Task 2, Essay)

3 tipos de tópicos: Argumento, Argumento Escondido y Situación.

Plan para los tópicos de tipo Argumentos y Argumentos Escondidos (5 párrafos).	Plan para los tópicos tipo Situación (5 párrafos)
1. Introducción – 2 lados del argumento 2. Escriba sobre el lado con el cual usted está en desacuerdo 3. Escriba sobre el lado con el cual usted está de acuerdo 4. Escriba más sobre el lado con el cual usted está de acuerdo 5. Conclusión – resumen, sugerencias, soluciones	1. Introducción – Defina la situación 2. Escriba sobre la razón 1 de la situación 3. Escriba sobre la razón 2 de la situación 4. Escriba sobre la razón 3 de la situación 5. Conclusión – resumen, sugerencias, soluciones

Plan de estudio

Todos los consejos que he compartido con usted son sumamente valiosos, pero serán mucho más valiosos si los aplica mientras practica. Como he dicho anteriormente, hay algunas personas que estudian y no aprueban y han quienes no estudian y aprueban. Y luego hay personas como nosotros – que estudian un poco y ¡tienen éxito en el examen IELTS!

Mi consejo: si usted se ha decidido a tomar el examen IELTS, estudie durante un mes de acuerdo a este plan y maximice sus probabilidades de éxito inmediatamente! No espere, no tome largos recesos entre los períodos de estudio, dé todo lo mejor de sí – y conseguirá salir airoso.

A continuación se encuentra un sugerido plan de estudios de 21 días que le ayudará a conseguir la mejor puntuación posible en el examen IELTS con su actual nivel de inglés. Usted podrá cambiar eso trabajando más con las actividades con las cuales usted se sienta más débil. Igualmente, realizando algunas (¡¡no todas!!) las actividades con las cuales se sienta más confiado. Recuerde, será importante practicar todas las actividades y no concentrarse solamente en las que se sienta menos confiado/a.

En este libro, he incluido Escritura I (reporte) y Escritura 2 (composiciones), actividades, preguntas para realizar entrevistas, tarjetas de tópicos y temas para el examen oral. Al final del libro, también hay un examen completo IELTS para que usted pueda practicar con él. Material adicional para estudiar (archivos de audios para el examen de comprensión auditiva, y archivos para preparase para el examen de comprensión lectora, etc.) pueden ser hallados en los siguientes sitios de internet:

Para el examen de comprensión auditiva:
http://ielts-blog.com/online-practice/ – elija un tipo de curso (General/Académico), luego clique en el botón grande cuadrado que dice "FREE"
http://www.ieltsgym.com/?id=FreeEnglishlessons – ejercicios en línea con respuestas
http://www.esl-lab.com/ – para estos ejercicios, usted necesitará un "Real Audio Player"
http://www.ieltsontrack.com/mini_test.php?module=1 – un examen con transcripción

Para el examen de comprensión lectora:
http://ielts-blog.com/online-practice/ – elija un tipo de curso (General/Académico), luego clique en el botón grande cuadrado que dice "FREE"
http://www.ieltsgym.com/?id=FreeEnglishlessons
http://www.ieltshelpnow.com/sample_tutorials.html
http://www.ieltsontrack.com/mini_test.php?module=2

Para los exámenes oral y escrito:
http://www.ielts-blog.com/ielts-writing-samples-essays-letters-reports/
http://www.ielts-blog.com/category/recent-ielts-exams/
http://www.ieltshelpnow.com/ielts-speaking-samples

Y claro está, hay muchos otros, solamente busque las palabras "IELTS" y "forum" en cualquier buscador de internet. El internet evoluciona tan rápidamente, que para el momento que usted esté leyendo este libro, ya podrían haber muchos otros forums de los cuales no haya oído hablar. Si los encuentra o si los enlaces descritos arriba ya no estuvieran operativos – por favor, avíseme para actualizarlos y recibirá una copia GRATIS actualizada de este libro.

Día	Actividades	Tiempo	Comentarios
1	Speaking Listening Writing 2 (type A)	30 minutos 30 minutos 60 minutos	Tomar un receso de 5-10 minutos entre las actividades.
2	Writing 1 (Single line) Listening Reading	30 minutos 30 minutos 60 minutos	Tomar un receso de 5-10 minutos entre las actividades.
3	Speaking Listening Writing 2 (type S)	30 minutos 30 minutos 60 minutos	Tomar un receso de 5-10 minutos entre las actividades.
4	Writing 1 (Double line) Listening Reading	30 minutos 30 minutos 60 minutos	Tomar un receso de 5-10 minutos entre las actividades.
5	Speaking Writing 2 (type A)	30 minutos 60 minutos	Tomar un receso de 5-10 minutos entre las actividades.
6	Writing 1 (Bar graph) Listening Reading	30 minutos 30 minutos 60 minutos	Tomar un receso de 5-10 minutos entre las actividades.
7	Speaking Writing 2 (type S)	30 minutes 60 minutes	Tomar un receso de 5-10 minutos entre las actividades.
8	Writing 1 (Pie chart) Listening Reading	30 minutos 30 minutos 60 minutos	Tomar un receso de 5-10 minutos entre las actividades.
9	Speaking Listening Writing 2 (type A)	30 minutos 30 minutos 60 minutos	Tomar un receso de 5-10 minutos entre las actividades.
10	Writing 1 (Table) Reading Listening	30 minutos 60 minutos 30 minutos	Tomar un receso de 5-10 minutos entre las actividades.
11	Speaking Writing 2 (type S) Reading	30 minutos 40 minutos 60 minutos	Tomar un receso de 5-10 minutos entre las actividades.

Día	Actividades	Tiempo	Comentarios
12	Writing 1 (Process diagram) Reading Listening	30 minutos 60 minutos 30 minutos	Tomar un receso de 5-10 minutos entre las actividades.
13	Speaking Listening Writing 2 (type A)	30 minutos 30 minutos 40 minutos	Tomar un receso de 5-10 minutos entre las actividades.
14	Writing 1 (Double line) Reading	30 minutos 60 minutos	Tomar un receso de 5-10 minutos entre las actividades.
15	Full IELTS test: Listening Reading Writing 1 Writing 2 Speaking	40 minutos 60 minutos 20 minutos 40 minutos 15 minutos	No tomar recesos. Realizar el examen completo.
16	Listening Writing 2	30 minutos 40 minutos	Tomar un receso de 5-10 minutos entre las actividades.
17	Speaking Writing 2 (type S)	30 minutos 40 minutos	Tomar un receso de 5-10 minutos entre las actividades.
18	Writing 1 (Table) Reading Speaking	20 minutos 60 minutos 30 minutos	Tomar un receso de 5-10 minutos entre las actividades.
19	Speaking Writing 1 (Pie chart) Listening	30 minutos 20 minutos 30 minutos	Tomar un receso de 5-10 minutos entre las actividades.
20	Writing 2 (type A) Reading	40 minutos 60 minutos	Tomar un receso de 5-10 minutos entre las actividades.
21	Full IELTS test: Listening Reading Writing 1 Writing 2 Speaking	40 minutos 60 minutos 20 minutos 40 minutos 15 minutos	No tomar recesos. Realizar el examen completo.

FULL IELTS PRACTICE TEST

ACADEMIC LISTENING PRACTICE TEST

Visite el siguiente sitio web para descargar los audios para el examen de comprensión auditiva:
http://www.ielts-blog.com/book-practice-test/

SECTION 1   Questions 1 – 10

Questions 1 – 5

Complete Apollo Car Rentals' new rental form below.
Write NO MORE THAN THREE WORDS AND/OR A NUMBER from the listening for each answer.

Apollo Car Rentals New Rental Form	
Example: Length of Rental	**5 days**
Client's Name	**(1)** _____ Anderson
Age	**(2)** _____
Address	28 Woodland Close, Hightown
Postcode	**(3)** _____
Mobile Telephone	07734 618 223
Payment Method	**(4)** _____
Rental Dates	21st - 25th May
Car Size	**(5)** _____
Price	£240

Questions 6 – 10

Answer the questions below. Use NO MORE THAN THREE WORDS AND/OR A NUMBER from the listening for each answer.

6   What will Carol find in the glove compartment to help her in case of an accident?
7   What's the fuel tank capacity of Carol's rental car?
8   Where is Carol going to leave her car when she's finished with it?
9   What does Ben give Carol for free?
10 How far is *The Haven* hotel from the airport?

SECTION 2   Questions 11 – 20

Questions 11 – 14

Complete the sentences below.

Use NO MORE THAN THREE WORDS from the listening for each answer.

11   The Youth Club's opening hours are from _____ p.m. to 11 p.m.
12   The _____ of six individuals is responsible for the administration of the Youth Club.
13   New _____ are always needed to help improve services, even for a short time.
14   A combination of membership, admittance fees, and help from the _____, individuals and local companies, make up the funding for the Youth Club.

Questions 15 – 20

Complete the table below.

Write NO MORE THAN TWO WORDS AND/OR A NUMBER from the listening for each answer.

Activity	When	Notes
The Homework Club	Weekday evenings From 4.00 p.m.	* 2 hours long * Quiet environment * 2 members of **(15)** _____ are always there
Basketball	Tuesdays and Thursdays 6 p.m. - 7.30 p.m.	* Takes place in the club's 2 sports halls * 2 coaches - 1 from the local pro team, the other from the local secondary school * Frequent **(16)** _____ are organized
Music Evenings	Tuesdays, Thursdays and Fridays 7 p.m. - 9 p.m.	* Come early as very popular * Free music studio * 3 local DJ's help out + local **(17)** _____ teach the children
Dramatic Arts	Mondays and Wednesdays 6.30 p.m. - 10 p.m.	* Volunteers teach drama and **(18)** _____ to the children * Regular performances held
Visits from the **(19)** _____	Periodic	* Talks and advice on alcohol, drugs, crime and other things * Children can ask questions
Overnight Hiking Trips	From time to time	* Skilled adults supervise * Children learn outdoor skills - camping, cooking food, use of **(20)** _____ and a compass * Children gain important character strengths

SECTION 3   Questions 21 – 30

Questions 21 – 26

Complete the student notes below on the second year linguistics course.

Write NO MORE THAN TWO WORDS from the listening for each answer.

The Second Year Linguistic Course

Delivered as lectures, supervision, essays and (**21**) _____ - attendance at all is compulsory.

The number of topics studied depends on which chosen.

Topics

Phonetics	* Study of practical, acoustic and clinical phonetics, speech perception and phonological theories. * Focus on connecting theory to practical speech, and data analysis, special focus on (**22**) _____. * Compulsory.

Clinical Linguistics	* Prepares students for work with communication problems in:
	    - (**23**) _____ with language or hearing problems.
	    - people who've had a stroke.

Onomastics	* The study of origins and development of English (**24**) _____. * Their special properties. * An enjoyable course. * Not the best for jobs, but there are possibilities in (**25**) _____ and advertising.
Sociolinguistics	* Taught by Professor Cotton. * The study of the relationship between people and society. * How the relationship causes (**26**) _____. * How age, geography, media and the language system influence speech.

Questions 27 - 30

Complete the flow chart that summarises the process of writing a dissertation.

Use NO MORE THAN ONE WORD from the listening for each answer.

The Dissertation Process

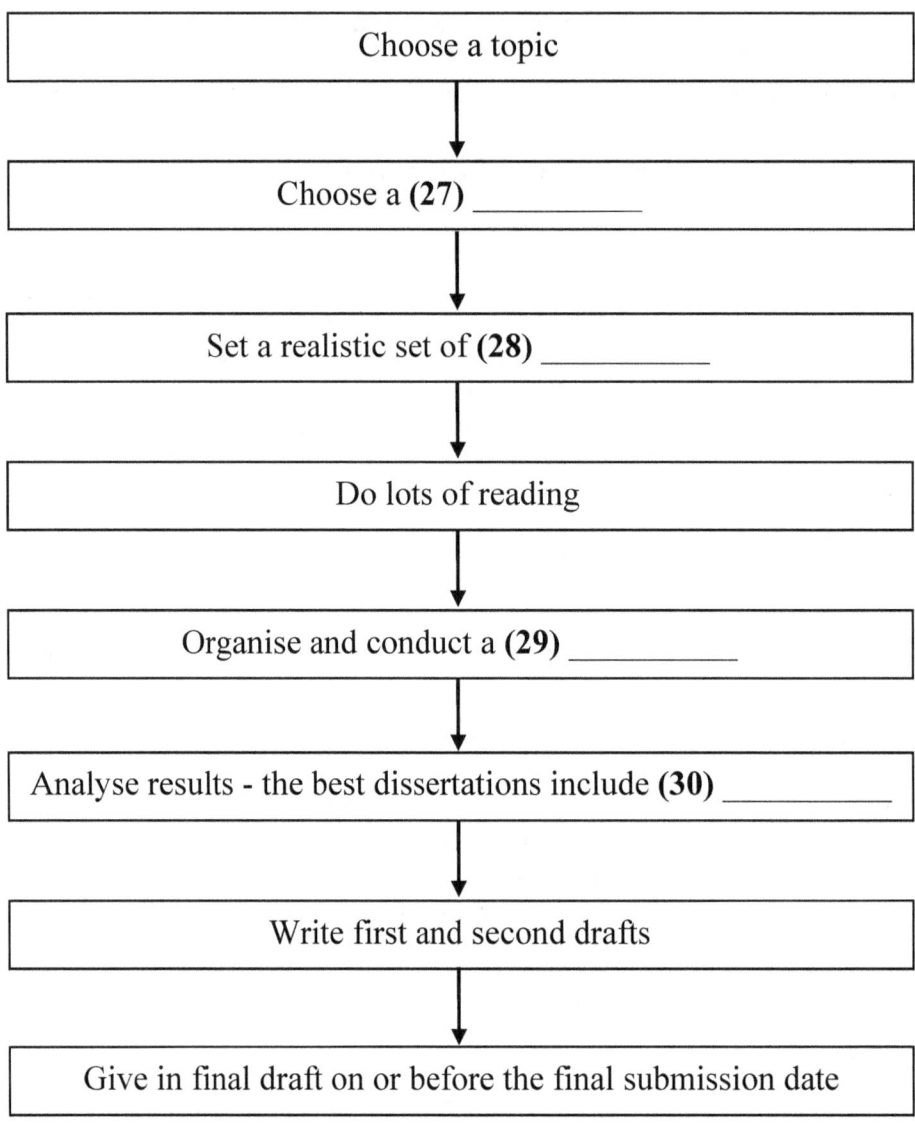

SECTION 4 Questions 31 – 40

Questions 31 – 38

Complete the notes below. Use NO MORE THAN TWO WORDS from the listening for each answer.

Endangered Sharks in Australia

Out of 400 species of shark worldwide, 180 are in Australia in all coastal habitats, including even a few sharks in some **(31)** _____ habitats.

The two most endangered sharks in Australia are the grey nurse shark and speartooth shark - both are on the **(32)** _____.

The Grey Nurse Shark	* 2 separate populations. * Not the man-eater its reputation gives - not usually dangerous unless provoked. * Often blamed for attacks because of its **(33)** _____, which has led to lots of killing of the shark.
The Speartooth Shark	* Little research done due to lack of specimens, its rarity and confusion in the **(34)** _____ of it and other species. * Similar to northern river shark and the bull shark; the latter often shares the same environment for its **(35)** _____. * Speartooth very vulnerable to exploitation. * Threats include fishing (commercial and recreational), netting and deterioration of its **(36)** _____.

Beach Nets

Beach protecting shark nets lead to many shark deaths and are found in many countries affected by shark attacks. Beach nets target sharks potentially dangerous to humans and reduce the shark populations to reduce the attacks. The nets' large **(37)** _____ specifically target sharks. Nets also involve "bycatch", which can include killing other **(38)** _____, like sea turtles, dugongs, dolphins and whales. One way to avoid bycatch is to use drumlines.

Questions 39 and 40

Complete the diagram below of a drumline set-up.

Write NO MORE THAN THREE WORDS from the listening for each answer.

Drumline Set-up

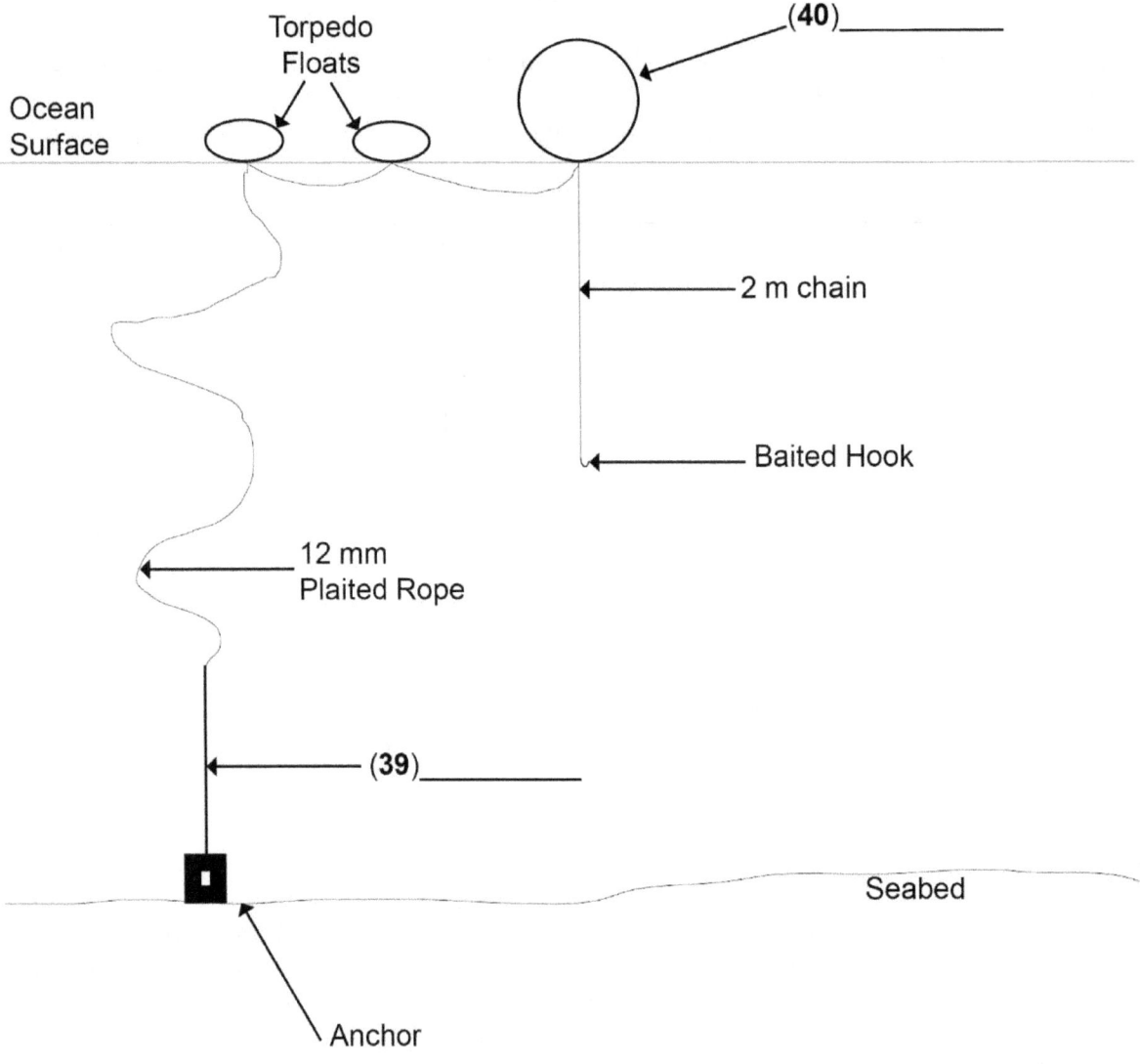

ACADEMIC READING PRACTICE TEST

Reading Passage 1

You should spend about 20 minutes on Questions 1 - 13, based on Reading Passage 1 below.

Biodegradable Plastics

With advances in technology and the increase in global population, plastic materials have found wide applications in every aspect of life and industry. However, most conventional plastics are non-biodegradable, and their increasing accumulation in the environment has become an ecological threat.

Biodegradable plastics are seen by many as a promising solution to this problem, because they are environmentally friendly. Biodegradable plastics offer a lot of advantages, such as increased earth fertility, a low accumulation of bulky plastic materials in the environment (which would certainly minimise injuries to wild animals), a reduction in the cost of waste management and the fact that they can be derived from renewable feedstock, thereby reducing greenhouse gas emissions.

The theory that people like to believe is that biodegradable plastic is synthesised in a factory from plant ingredients and then moulded to create whatever product is required. After the product life is over, decomposition breaks the plastic down to carbon dioxide, which in turn can be returned to plants in nature through photosynthesis. The plant materials can then become part of the plastic creation process again. The key part of this process is the decomposition, which will be looked at in more detail below.

So, what are biodegradable plastics? Biodegradable plastics are plastics that can be broken down by microorganisms such as bacteria or fungi. It is important to note that biodegradable plastics are not necessarily made from biomaterial (i.e. plants). Several biodegradable plastics are even made from oil, in the same way as conventional plastics. It is also important to note the distinction between plastics that are degradable, biodegradable and compostable. People should be cautious when they see a plastic product that advertises that it is 'degradable,' but not 'biodegradable' or "compostable," because this is nothing special. These three terms are not really different 'classes' of plastic, in the sense of being separate sets. They are subsets of one another: all compostable plastics are biodegradable, and all biodegradable plastics are degradable. There are many methods that can be used to break down degradable plastic, but this often just reduces it to extremely small pieces of the same plastic. Over a matter of years, it is possible for the pieces to become small enough to be assimilated by, and be harmful to, wild creatures.

When something is biodegradable, it means it is degradable, but it also means something more: it means that it can be broken down by the metabolism of microorganisms. When a plastic is biodegradable, it can be digested, so that the carbon atoms in the chains of the polymer are broken apart and can actually participate in the creation of other organic molecules. They can be processed by, and become safe parts of, organic living things. This returns them to nature in a very real sense: they become part of the carbon cycle of the ecology of the earth.

When something is compostable, it means that it biodegrades, but it also means that it will degrade within a certain amount of time, under certain conditions. For many types of degradable plastic, it is possible to say that it will break down 'eventually,' but if it were to be sealed in an airtight room, this could take thousands of years.

Using biodegradable plastics as an environmentally friendly solution for things such as plastic bags seems sensible at first glance, but is it really better for the environment? There is a growing environmental lobby that feels that the rubbish issue should be solved by changing people's attitudes rather than by changing the products they are throwing away. Making products biodegradable may actually make the problem of rubbish worse, by making people think that it is acceptable to throw away valuable resources like plastics. For example, a biodegradable plastic bag that's thrown into a hedge will still take years to disappear, rather than days, as some people believe. Even a thrown away banana skin needs one to three years before it is biodegraded. What is more, biodegradable plastics require specific conditions to biodegrade properly, including the presence of micro-organisms, temperature, and humidity, and if not managed properly, they may be worse for the environment than conventional plastics. When biodegradable plastics are put into landfill, which should always be avoided in any case, they produce harmful greenhouse gases when breaking down.

So what are biodegradable plastics good for? In principle, plastics are valued for their ability to make strong, durable products, for example in food storage, transport, building and construction. Biodegradability should therefore be regarded as an additional functionality when the application demands a cheap way to dispose of the item after it has fulfilled its job. One theoretical example of a useful biodegradable product can be found in the food packaging industry. The packaging itself can be composted together with its contents when the product is past its sell-by date or spoiled. There are plenty of other examples such as in agriculture or medicine.

In conclusion, it is a mistake to focus on finding ways to make products easier to throw away in the name of helping the environment. Biodegradable plastics are exciting and useful materials, but they should only be used when they have a definite benefit for a specific product. The best way to help save the planet is to save energy and improve ways of recycling and recovering all plastics.

Questions 1 and 2

Label the diagram below.

Write **NO MORE THAN ONE WORD** from the text for each answer.

Write your answers in boxes 1 and 2 on your answer sheet.

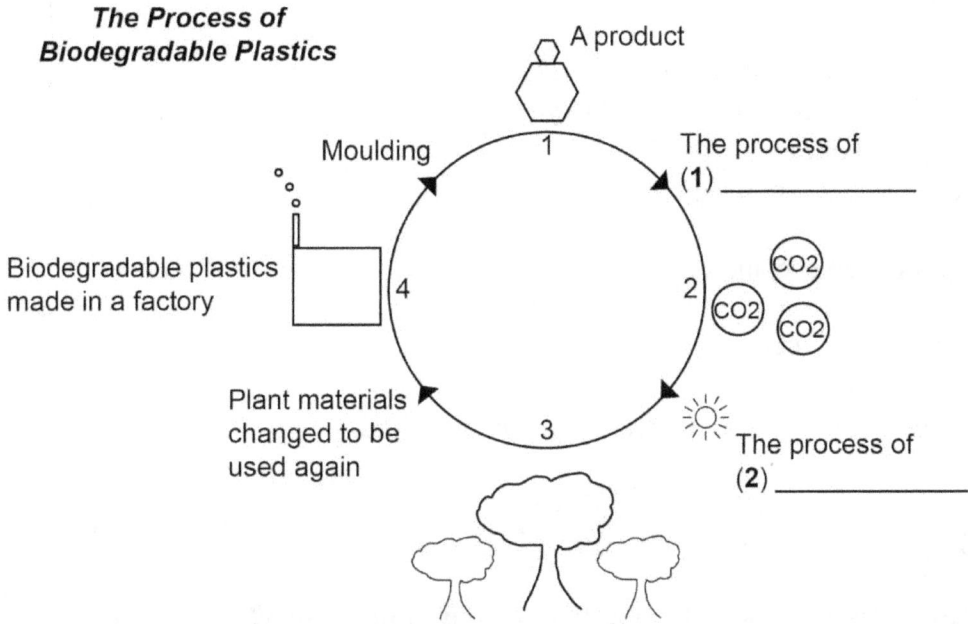

Questions 3 - 7

Choose the correct letter A, B, C or D.

Write the correct letter in boxes 3 - 7 on your answer sheet.

3   One benefit of biodegradable plastics is that

A   wildlife can feed on the end results.
B   they take up less room in landfill.
C   they break down quickly in landfill.
D   they can improve the fertility of the soil.

4   To be classed as a biodegradable plastic, it must

A   originate from plant material.
B   be able to be broken down by microscopic bodies.
C   be disintegrated by carbon dioxide exposure.
D   have some fossil fuel oil in it.

5 If a plastic is compostable,

A it must also be biodegradable.
B it cannot also be degradable.
C it can be broken down to very small plastic pieces.
D it cannot also be recyclable.

6 Degradable plastics can

A not be recycled once the degrading process has started.
B only be broken down with the presence of oxygen.
C all be safely disposed of in the ground.
D still be absorbed by some animals.

7 Biodegradable plastics can become

A a key part of biofuel resources.
B parts in the bicycle industry.
C part of the harmless formation of different organic molecules.
D non-degradable very easily.

Questions 8 – 13

Do the following statements agree with the information given in the text?

In boxes 8 – 13 on your answer sheet write:

TRUE   if the statement agrees with the information
FALSE   if the statement contradicts the information
NOT GIVEN   if there is no information on this

8 Compostable plastics can break down in the required time in any circumstances.

9 If people are not careful, biodegradable plastics could make the waste problem worse.

10 Biodegradable plastics planned for use in the construction industry are currently going through an approval process.

11 Biodegradable plastics can produce unsafe by-products when breaking down.

12 Biodegradable plastic is already being used with food that can be disposed of into the ground together with it.

13 Farming is one industry where biodegradable products can be useful.

Reading Passage 2

You should spend about 20 minutes on Questions 14 - 26, which are based on Reading Passage 2 below.

Australia's Pearling Industry

Paragraph A

Australia's pearling industry began long before European settlement. Northern Australian coastal-dwelling Aborigines harvested the abundant pearl shell from the shallow waters and had a well-established trading network for it. Aborigines also traded with fishermen from the Indonesian island of Sulawesi, who harvested various fish, sea animals and pearl shells. Folklore, songs, cave paintings and the diaries of early settlers tell us of links between Australia and Indonesia dating back 500 years. When Europeans settled in Australia, they were quick to see the value of the pearl fields. Pearling began in earnest in the 1850's at Shark Bay, Western Australia, and this spread to the islands in the Torres Strait over the next 30 years. The colony of Queensland recognised the value of this resource, and annexed the islands in 1879. By 1910, nearly 400 boats and more than 3,500 people were fishing for shell in waters around Broome, then the biggest pearling centre in the world.

Paragraph B

Pearl shell obtained from Western Australia and the Torres Strait found an initial ready market in the clothing industry in the United States and England, especially for buttons and buckles. Quick immediate returns could be made with pearl shell attracting £400 a ton in the early period and, at the worst time, in 1894, £79 a ton. The Torres Strait supplied over half the world demand for pearl shell in the 1890's. Pearl shell and mother of pearl were the main focus of the industry, as the shell was used in developing markets to make cutlery, hair combs, jewellery items, as well as art objects and inlay for furniture. One business alone in the Torres Strait raised £31,500 worth of shell and £5000 worth of pearls in one year.

Paragraph C

These boom times attracted large numbers of Europeans, South Sea Islanders and Asians who came for the adventure, the promise of work and the possibility of making their fortunes. In the Torres Strait, by 1886, there were an equal number of non-islanders as there were islanders. In Broome, the largest of these immigrant groups were the Chinese. Not only did they come as pearlers, but also as cooks and shopkeepers, similar to the gold boom days.

Paragraph D

In the Torres Strait, pearlers not only sought pearls, but also other island resources to maintain the industry and this extended to the ransacking of the islands for food and timber and water to eat and build with. Along with the onslaught of diseases, this contributed to a significant population decline amongst the Torres Strait islanders within 30 years to as low as 50 per cent of pre-pearling populations by 1900.

Paragraph E

From 1862, the pearl supply was so low that larger boats were sent out two kilometres off shore to collect oysters in deep water. Aboriginal men and women would 'naked dive'.
This meant they had to dive down deep with no oxygen, no snorkel and no mask. In the Torres Strait, employment conditions were regarded as dangerous as well as unspeakably squalid and this contributed to many accidents. Many of the Japanese divers were used as indentured labour. This means that they were working for no money in order to repay a debt, usually for their transportation to Australia. Divers were paid by the amount of shell they collected and very few of these divers ever managed to work off their debt. Attempts to regulate the marine industry and to prevent improper employment of Aborigines and islanders were made by the Queensland parliament and wages were required to be paid in front of an inspector after 1893.

Paragraph F

The invention of diving suits revolutionised the pearling industry in Australia. Divers could go deeper than ever before, stay underwater longer and collect more shell and pearls. These divers wore vulcanised canvas suits and massive bronze helmets and spent hours underwater. On the bottom, they struggled about in lead-weighted boots, frantically scooping oysters into bags, because divers were paid by the amount of shell they collected. Pearl divers regularly faced the threat of shark attack, as well as the dreaded crippling effects of the bends with every dive. Some sources say that the mortality rate for divers was 50 per cent. In addition, whole fleets were shipwrecked in single cyclones.

Paragraph G

During World War 1 and World War 2, the industry virtually ceased, as most of the workers enlisted. The industry relied heavily on its Japanese pearl divers and as a result of Japan entering World War 2, these divers were detained in prisoner of war camps. The recovery after World War 2 was slow, as harvesting methods used in the previous decades meant that the supply of shell had almost run out. The development of cultured pearls and the use of plastic buttons and buckles in the 1950's also devastated the industry in the Torres Strait by the 1960's.

Paragraph H

Broome and the pearling industry survived the economic devastation of both World Wars and today is recognised as a 'pearl capital.' Today, Western Australia has a well-established industry including hatchery and culturing facilities, producing pearls valued at AUS$150 million last year. As a result of the pearling industry, the architecture and population of Broome is quite unique in Australia. It has a Chinatown with a number of Chinese buildings and a local cemetery with both Japanese and Chinese sections. Broome's location in the sub-tropics has contributed to its attraction as a tourist destination with a thriving multicultural community and flourishing economy.

Glossary

Cultured pearl – An artificially created pearl, done by inserting a small plastic ball into the oyster.

Questions 14 – 21

The text on the previous pages has 8 paragraphs (A – H).

Choose the correct heading for each paragraph from the list of headings below.

Write the correct number (i – xi) in boxes 14 – 21 on your answer sheet.

i	The Industry's Negative Local Effects
ii	Local Governments Benefit through Taxation
iii	Developments and Dangers
iv	High Demand Brings Large Profits
v	Boats Designed for the Industry
vi	Industry Setbacks
vii	The Origins of the Industry
viii	Shameful Exploitation
ix	The Legacy
x	The Rush for Riches
xi	Government Legislation Affects Pricing

14   Paragraph A

15   Paragraph B

16   Paragraph C

17   Paragraph D

18   Paragraph E

19   Paragraph F

20   Paragraph G

21   Paragraph H

Questions 22 - 26

Answer the questions below.

Write **NO MORE THAN THREE WORDS** from the text for each answer.

Write your answers in boxes 22 - 26 on your answer sheet.

22 To which industry was Australian pearl shell first sold?

23 What construction resource was over-exploited on the Torres Strait islands to help support the pearl industry there?

24 Who supervised any money paid to Aboriginal and island workers from 1893?

25 What hindered pearlers in diving suits from walking properly on the sea bed?

26 What had depleted the available amount of pearl shell before World War 2?

Reading Passage 3

You should spend about 20 minutes on Questions 27 - 40, which are based on Reading Passage 3 below.

Blood Type Dieting

A link between ABO blood groups and diet was proposed by Dr. Peter. J. D'Adamo in his book "Eat Right For Your Type," published a few years ago. Dr. D'Adamo claims that the ABO blood groups reveal the dietary habits of our ancestors and adherence to a diet specific to one's blood group can improve health and decrease risk of chronic conditions, such as cardiovascular disease. D'Adamo's theory is based on the idea that each blood group has its own unique antigen marker and this marker reacts badly with certain foods, leading to all sorts of potential health problems and harmful weight gain. Furthermore, Dr. D'Adamo believes that levels of stomach acidity and digestive enzymes are linked with people's blood types. Consequently, he says, by following a diet designed specifically for someone's blood type, the body digests and absorbs food more efficiently, with the result that the subject loses weight.

The theory is based on how humans developed during their existence. Dr. D'Adamo believes that because blood types evolved at different times throughout history, we should eat a diet based on the types of foods our ancestors typically ate at the time when our blood type first emerged. As humans migrated and were forced to adapt their diets to local conditions, the new diets provoked changes in their digestive tracts and immune systems, necessary for them to first survive and later thrive in their new habitats. Different foods metabolised in a unique manner by each individual with a different ABO blood group probably resulted in that blood group achieving a certain level of susceptibility to the endemic bacteria, viruses and parasites of the area. This probably more than any other factor was what has influenced the modern day distribution of blood groups.

Based on the blood type diet theory, group O is considered the ancestral blood group in humans and was the first to emerge. This is difficult to prove, but there are communities today that can provide evidence for this conclusion. There is an extraordinarily high percentage of blood group O people in isolated populations, as well as it being the most common in the world at large. Even though early migrations dispersed the gene for group O blood throughout the world, because of their geographic locations these unique societies have remained isolated from interaction with other populations. If A, B and O had developed simultaneously, the isolated population groups would have had all of them. But these 'old societies' are group O, because genes for the later blood groups never had the opportunity to enter into their populations. They have remained unchanged. From a purely scientific point of view, chemical analysis of the group O antigen also reveals that, from a structural perspective, it is the simplest blood group and it serves as the backbone for the synthesis of the increasingly complex A, B and AB. As a result, Dr. D'Adamo advises that the optimal diet for people with group O blood should resemble the high animal protein diets typical of the hunter-gatherer era, which matches this oldest of blood groups.

Next came the emergence of blood type A, sometime around 15,000 B.C. By this time, the human ancestors had settled down into an agrarian culture. The creation of blood type A around this time meant our ancestors did well on a vegetarian-based diet and so Dr. D'Adamo recommends that blood group A's should today follow a similar diet.

Blood type B supposedly evolved around 10,000 B.C thanks to humanity's nomadic ancestors. They abandoned their farms and started wandering the land, constantly moving from place to place. Consequently, Dr. D'Adamo's theory holds that blood group B's today can get away with eating a varied diet that consists of most foods including meat, dairy, grains and vegetables.

Finally came blood type AB, which evolved just 1,000 years ago. Dr. D'Adamo thinks this blood type helped our ancestors make the transition to contemporary times. This means that people with blood group AB can eat a mixture of the foods suitable for both blood group A and blood group B.

Medical experts universally agree that the theory is nonsense, and say there is absolutely no link between our blood group and the diet we eat. Consequently, you will not find qualified nutritionists or dietitians recommending this diet. There are also several concerns from nutritionists, namely that the diets recommended for blood groups O and A are considerably limited and cut out major groups of foods. In the long term, this can result in a poor intake of nutrients needed for good health. Cutting out dairy products, for example, will lead to poor intakes of calcium, which can put people at risk of osteoporosis, while avoiding meat can result in low intakes of iron, which can lead to anaemia.

In spite of all this, blood type diets captivate people and have faithful adherents who swear to their efficacy. It is perhaps the anthropologic significance of the theory that fascinates. There is something very intellectually and emotionally riveting about understanding the ebb and flow of human experience and linking it to people's health today. Not only is it therefore fascinating from an intellectual standpoint, but people also can see, feel and touch the modern day physical ramifications of these long ago events.

Glossary

antigen marker - a substance that the body uses to recognise alien attacks.

osteoporosis – a disease making bones brittle and easy to break.

anaemia – a lack of red blood cells or haemoglobin in the blood.

© US Government - ncbi.nlm.nih.gov

Questions 27 – 29

Complete each sentence with the correct ending (A - F) below.

Write the correct letter (A - F) in answer boxes 27 - 29 on your answer sheet.

27 D'Adamo claims that following a blood group diet can

28 D'Adamo claims that eating the wrong food can

29 Migration around the world to areas with different conditions can

A   explain why different blood groups evolved in different locations.

B   be done in groups at particular diet centres.

C   cause adverse bodily reactions leading to weight gain.

D   lead to incurable diseases.

E   improve the health of the dieter's heart.

F   be the reason for certain facial characteristics.

Questions 30 – 35

Complete the table below.

Write NO MORE THAN TWO WORDS from the text for each answer.

Write your answers in boxes 30 - 35 on your answer sheet.

Diets According to Blood Groups		
Blood Group	Background	Diet Required
O	* The first, the most **(30)** _____ and the simplest * The **(31)** _____ for the other blood groups	* Rich in animal protein due to **(32)** _____ background of this time.
A	* Humanity became an **(33)** _____ society.	* Nutrition vegetarian-based.
B	* Part of humanity became **(34)** _____ and left their farm life.	* A varied diet.
AB	* The most recent * AB facilitated the **(35)** _____ to modern life	* A mixture of A and B foods

Questions 36 – 40

Do the following statements agree with the views of the writer of the text?

In boxes 36 - 40 on your answer sheet write:

>   YES   if the statement agrees with the writer's views
>   NO   if the statement doesn't agree with the writer's views
>   NOT GIVEN   if it is impossible to say what the writer thinks about this

36 It is unlikely that people will be advised by a health professional to follow a blood group diet.

37 Supporters of the blood group diet assert the diet should be followed in conjunction with supplements.

38 A lack of dairy products in a diet can put people at risk of having too few red blood cells.

39 The idea of a relationship of the blood group diet with human evolution is responsible for people's preoccupation with it.

40 The blood group migration theories have helped scientists to explain the incidence of various diseases throughout history.

ACADEMIC WRITING PRACTICE TEST

TASK 1

You should spend about 20 minutes on this task.

The table below shows statistics relating to students on UK and England only higher education courses for two periods of time.

Summarise the information by selecting and reporting the main features, and make comparisons where relevant.

You should write at least 150 words.

All Students on UK and England only Higher Education Courses for 2003 - 2004 and 2013 - 2014

	Undergraduate Full-time	Undergraduate Part-time	Postgraduate Full-time	Postgraduate Part-time	Total Higher Education
ALL UK (England, Wales, Scotland & Northern Ireland) HIGHER EDUCATION INSTITUTIONS					
2003 - 2004	997,661	394,946	140,909	222,663	1,756,179
2013 - 2014	1,232,005	572,965	248,380	252,755	2,306,105
% increase	23%	45%	76%	14%	31%
ALL ENGLAND ONLY HIGHER EDUCATION INSTITUTIONS					
2003 - 2004	807,138	352,459	115,729	183,358	1,458,684
2013 - 2014	1,011,955	493,060	206,865	210,300	1,922,180
% increase	25%	40%	79%	15%	32%

TASK 2

You should spend about 40 minutes on this task.

Write about the following topic:

The pressures of today's society often mean that both parents in a family have to work and this creates a poor environment for children to grow up in. Discuss this situation and give your opinion.

You should write at least 250 words.

ACADEMIC SPEAKING PRACTICE TEST

Section 1

- Can you describe the city/town/village where you live?
- Is this a good place to live?
- Would you prefer to live in a city or in the countryside? (Why?)

Topic 1	Smoking

- Do you smoke? (Why/Why not?)
- At what age do you think smoking should be legal?
- Do you think that smoking should be banned from all indoor places, as has already happened in some countries?
- How can governments stop people from smoking?

Topic 2	Social Media

- Why do you think social media is so popular nowadays?
- How do you think social media will change over the next 10 years?
- What are some of the dangers that social media can represent?
- How can we reduce the fascination that young people have with social media, or shouldn't we be worried?

Section 2

> Describe a memorable journey that you once took
> You should say:
> where this journey was
> when this journey was
> what you did during the journey
> and explain why this journey is so memorable for you.

Section 3

Topic 1	Travel

- Why do you think people enjoy travel?
- What can people learn from travel?
- How has travel changed over the last 50 years?
- What are some of the negative impacts of so much travel nowadays?

Topic 2	Air Travel

- What are some of the dangers of air travel?
- What are some of the reasons that budget air travel has increased so much in popularity recently?
- How do you feel air travel will change over the next 30 years?
- Should governments restrict the amount of air travel nowadays and how could they do this?

ACADEMIC PRACTICE TEST ANSWERS

	LISTENING TEST ANSWERS				READING TEST ANSWERS		
1	Carol	21	seminars	1	Decomposition	21	ix
2	34	22	accents	2	Photosynthesis	22	(The) clothing (industry)
3	HT8 5RD	23	children	3	D	23	Timber
4	Credit card	24	names	4	B	24	An inspector
5	Economy (size)	25	marketing	5	A	25	Lead(-weighted) (boots)
6	(An) emergency pack	26	(language) variation	6	D	26	Harvesting (methods)
7	45 litres	27	supervisor	7	C	27	E
8	(At) (the) airport	28	deadlines	8	FALSE	28	C
9	(A) (basic) map	29	survey	9	TRUE	29	A
10	(About) a mile	30	statistics	10	NOT GIVEN	30	common
11	4	31	freshwater	11	TRUE	31	backbone
12	(management) committee	32	critical list	12	TRUE	32	hunter-gatherer
13	volunteers	33	(fierce) appearance	13	TRUE	33	agrarian
14	(local) government (area)	34	identification	14	vii	34	nomadic
15	staff	35	breeding cycle	15	iv	35	transition
16	matches	36	habitat	16	x	36	YES
17	musicians	37	hole size	17	i	37	NOT GIVEN
18	dance	38	(endangered) species	18	viii	38	NO
19	(local) police	39	(Heavy) chain	19	iii	39	YES
20	maps	40	(A) (marker) float	20	vi	40	NOT GIVEN

/ indica una respuesta alternativa.
( ) indica una parte opcional de la respuesta.

Nota: La transcripción del examen de comprensión auditiva, la cual incluye la ubicación de las respuestas, puede ser descargada en nuestro sitio web:
http://www.ielts-blog.com/book-practice-test/

WRITING TEST MODEL RESPONSES

TASK 1

This report is about a table giving statistics on students on Higher Education Courses in the UK and only in England, comparing the years 2003 to 2004 with the years 2013 to 2014. The table summarises the statistics into percentage increases, to make it clearer how much student numbers in higher education courses have increased.

In institutions in all of the UK, the sector that had the largest growth in students was the Postgraduate full-time course with a 76% increase from 2003 to 2014. Even though this course saw the greatest improvement, the higher education course with the most students in both periods was the Undergraduate full-time course with 997,661 students in 2003 to 2004 and 1,232,005 students in 2013 to 2014.

In institutions in only England, the Postgraduate full-time course was also the one to experience the most growth with an increase of 79% from 2003 to 2014. The other courses had percentage increases ranging from 15 to 40 per cent. Again, the higher education course with the most students in both periods was the Undergraduate full-time course with 807,138 students in 2003 to 2004 and 1,011,955 students in 2013 to 2014.

In conclusion, it is clear that the number of students increased significantly for the time periods in all courses in both the UK and only in England.

TASK 2

Nowadays, in spite of having children, many women work in addition to their husbands. The question of who is to care for the children if both parents are employed is a sensitive one, as, when both parents are working, children are raised in a poorer environment.

When looking around today, more childcare facilities offer whole day care, so that parents can pick up their children after work. The children therefore do not experience the same love for these hours as they would if their mother took care of them. As children get older, the situation can worsen. Many primary and especially secondary schools end early in the day. Children are therefore unsupervised for long hours. This can lead to children making bad choices or to loneliness. Therefore, it is clear the development of children can be negatively impacted when both parents are working.

However, the issue is not this simple, as provisions have been made to decrease the negative effects. In many countries, there are not only day care facilities available, but also all-day schools have been created to ensure that children are taken care of when their parents are working. Furthermore, these facilities also lead to children being in stronger contact with children of the same age, which can benefit their development.

In conclusion, while negative impacts on development can be seen, if appropriate measures are taken, a child's development can be impacted positively through other means, such as ensuring the time families can spend together is used well.

SPEAKING SAMPLE PRACTICE TEST – Examiner's Commentary

Por favor descargue el modelo de respuesta de práctica del examen oral y su transcripción en el siguiente sitio web: http://www.ielts-blog.com/book-practice-test/

Below is the Examiner's Commentary on Katrin's performance in the recorded Speaking test, including her estimated IELTS Band Score.

Examiner's Commentary

The person interviewed is Katrin, a German female. Katrin is an office administrator.

Section 1

Katrin spoke fluently and accurately. She did not need to pause for language and gave full answers. She had a good vocabulary range, though she used the occasional awkward choice ("metropole" and "to their side" instead of 'at their sides'). There were very few grammar errors. Katrin had an accent, but a it was often negligible.

Section 2

Katrin spoke fluently for the allocated time. Her pronunciation was again very good, though she showed an error with pronouncing the 'v' in ("visited" and "individual"), which is not uncommon for Germans. There were a few minor grammar and word choice errors ("the first time I did that" instead of 'I had done that' + "everyone had its own character" instead of 'their own character' + 'did a journey' instead of 'made a journey'). None of the errors created any problems with comprehension.

Section 3

Again, Katrin showed her good ability at English. Her vocabulary choices were good, her grammar mostly accurate and her pronunciation clear. Pauses were only to consider her replies. She showed a sense of humour, which is always a nice thing to do, as it creates a relaxed atmosphere, where people can perform more effectively.

Marking - The marking of the IELTS Speaking Test is done in 4 parts.

Fluency and Coherence	7
Lexical Resource	7
Grammatical Range and Accuracy	7
Pronunciation	8
Estimated IELTS Speaking Band	**7**

NOTES

www.ingramcontent.com/pod-product-compliance
Lightning Source LLC
Chambersburg PA
CBHW060517300426
44112CB00017B/2704